nuevo PRISMA

Curso de español para extranjeros

LIBRO DEL ALUMNO

NIVEL

A1

Equipo nuevo Prisma

Edi
numen

nuevo Prisma

© **Editorial Edinumen**, 2012
© **Autores y adaptadores de nuevo Prisma, nivel A1:** Paula Cerdeira
y José Vicente Ianni
© **Autora de los contenidos de fonética y ortografía:** Esther Beltrán
© **Autores de Prisma Comienza:** Isabel Bueso, Raquel Gómez, Carlos Oliva,
Isabel Pardo, María Ruiz de Gauna y Ruth Vázquez

Coordinadoras del nivel A1: María José Gelabert y Mar Menéndez

ISBN Libro del alumno: 978-84-9848-364-2
ISBN Libro del alumno con CD: 978-84-9848-365-9
Depósito Legal: M-24749-2014
Impreso en España   1.ª edición 2012
Printed in Spain   2.ª impresión 2013
                                          3.ª impresión 2014

Coordinación pedagógica:
María José Gelabert

Coordinación editorial:
Mar Menéndez

Ilustraciones:
Carlos Casado

Diseño de cubierta:
Juanjo López

Diseño y maquetación:
Carlos Casado y Juanjo López

Fotografías:
Archivo Edinumen y Sara Serrano

Impresión:
Gráficas Viro. Madrid

Agradecimientos:
Un especial agradecimiento a la Dra. Dolors Poch (UAB) por sus
inestimables comentarios con respecto a los contenidos de fonética
que aparecen en el presente volumen.
A Isabel Bueso por su colaboración en la confección del syllabus y
de la unidad 1 de nuevo Prisma A1.

Editorial Edinumen
José Celestino Mutis, 4. 28028 - Madrid
Teléfono: 91 308 51 42
Fax: 91 319 93 09
e-mail: edinumen@edinumen.es
www.edinumen.es

La Extensión digital para el **alumno** contiene, entre otros materiales, prácticas interactivas de consolidación de contenidos, test de repaso, resúmenes gramaticales y todos aquellos recursos de apoyo al alumno en su proceso de aprendizaje.

Recursos del alumno:
Código de acceso
98483642
www.edinumen.es/eleteca

La Extensión digital para el **profesor** contiene, entre otros materiales, transcripciones, material fotocopiable y material proyectable, así como diversos contenidos de apoyo a la labor docente: test de evaluación, actividades colaborativas (foros y wikis), apéndice de diálogos, pautas para llevar a cabo el trabajo en grupo cooperativo, etc.

Recursos del profesor:
Código de acceso
Localiza el código de acceso en el
Libro del profesor

En el futuro, podrás encontrar nuevas actividades. **Visita la ELEteca**

INTRODUCCIÓN

nuevo PRISMA es un curso de español estructurado en seis niveles: A1, A2, B1, B2, C1 y C2, tal y como se propone en el *Marco común europeo de referencia para las lenguas* (MCER) y acorde a los contenidos propuestos por el *Plan Curricular del Instituto Cervantes. Niveles de referencia para el español* (PCIC).

Con **nuevo PRISMA** · Nivel **A1**, el alumno podrá:

- Presentarse a sí mismo y a otros, pedir y dar información personal básica sobre su domicilio, sus pertenencias y las personas que conoce.
- Comprender expresiones cotidianas de uso muy frecuente, así como frases sencillas destinadas a satisfacer necesidades de tipo inmediato.
- Relacionarse con los hablantes nativos de forma elemental siempre que su interlocutor hable despacio y con claridad y esté dispuesto a cooperar.
- Reconocer palabras y expresiones muy básicas que se usan habitualmente, relativas a sí mismo, a su familia y a su entorno inmediato cuando se habla despacio y con claridad.
- Plantear y contestar preguntas sencillas sobre temas o asuntos muy habituales tanto del momento presente como del pasado.
- Pedir y dar instrucciones, órdenes y consejos.
- Utilizar expresiones y frases sencillas para describir lugares y personas que conoce.
- Escribir textos cortos y sencillos. Rellenar formularios con datos personales.

Información para el profesor

El curso **nuevo PRISMA** está elaborado siguiendo el **enfoque comunicativo, orientado a la acción** y **centrado en el alumno**, tal y como recomienda el MCER, con el fin de fomentar el aprendizaje de la lengua para la comunicación en español dentro y fuera del aula. Este enfoque considera al estudiante como un **agente social** que deberá realizar tareas o acciones en diversos contextos socioculturales movilizando sus recursos cognitivos y afectivos.

En **nuevo PRISMA** se presta especial atención al desarrollo de una serie de técnicas y de **estrategias de aprendizaje y de comunicación** que contribuyen a que el alumno reflexione sobre su proceso de aprendizaje.

A lo largo de las unidades didácticas se podrán encontrar actividades especiales para el desarrollo específico del **trabajo cooperativo**, de modo que los alumnos trabajen juntos en la consecución de las tareas, optimizando su propio aprendizaje y el de los otros miembros del grupo, la **reflexión intercultural** y el conocimiento de diversos aspectos de la cultura del mundo hispano, con el fin de proporcionar a los estudiantes las herramientas necesarias para desenvolverse en un ambiente hispano en el que convergen diferentes culturas y diversas variantes del español. También se tiene en cuenta el **componente emocional** a través de propuestas que ayudan a crear un entorno de aprendizaje positivo y ayudan a aumentar la motivación.

Estas actividades vienen indicadas mediante las siguientes etiquetas:

| Grupo cooperativo | Intercultura | Cultura | Sensaciones |

nuevo PRISMA · Nivel **A1** consta de diez unidades didácticas y un examen final que reproduce la dinámica del **examen DELE A1** (Diploma de Español como Lengua Extranjera, del Instituto Cervantes) y que sirve tanto para evaluar los conocimientos adquiridos por los alumnos al término del libro, como para el entrenamiento en la dinámica y particularidades de este examen oficial.

Cada actividad viene precedida de dos iconos que indican, por un lado, la dinámica de la actividad, y por otro, la destreza que predomina en ella. Estos símbolos gráficos son los siguientes:

- Actividad para realizar individualmente.
- Actividad para realizar en parejas.
- Actividad para realizar en grupos pequeños.
- Actividad para realizar con toda la clase.
- Actividad de expresión e interacción orales.
- Actividad de comprensión oral.

- Actividad de expresión escrita.
- Actividad de comprensión lectora.
- Actividad de reflexión lingüística.
- Actividad de léxico.
- Actividad para el desarrollo de estrategias de aprendizaje y comunicación.

Para la realización de algunas actividades, se proporciona material fotocopiable complementario en la ELEteca. Puede acceder a este material solicitando el código de acceso en www.edinumen.es/eleteca/solicitudes.

ÍNDICE

1. ¿QUÉ TAL?

Contenidos funcionales
- Saludar y responder al saludo formal e informalmente.
- Despedirse.
- Presentar(se) y responder a la presentación.
- Dirigirse a alguien.
- Pedir confirmación y confirmar información previa.
- Preguntar cómo se dice algo en otra lengua.
- Pedir aclaraciones y repeticiones.
- Deletrear.

Contenidos gramaticales
- Pronombres personales sujeto.
- El uso de *vos*.
- *Tú/usted*.
- Verbo *ser*.
- Verbo *llamarse*.
- Pronombre interrogativo: *¿Cómo?*

2. ESTUDIANTE DE PROFESIÓN

Contenidos funcionales
- Pedir y dar información personal: nombre, edad, nacionalidad, profesión, número de teléfono...
- Expresar posesión y pertenencia.
- Expresar sensaciones y sentimientos.

Contenidos gramaticales
- El artículo determinado.
- El género y el número del nombre.
- Concordancia del artículo determinado y del adjetivo con el nombre.
- Verbos *tener*, *trabajar* y *hablar*.
- Pronombres interrogativos: *¿Cuál? ¿Qué? ¿Cuántos?...*

3. ¡BIENVENIDOS A CASA!

Contenidos funcionales
- Hablar de la existencia de algo o de alguien, y de la cantidad.
- Pedir y dar información espacial: ubicar cosas y personas.

Contenidos gramaticales
- El artículo indeterminado.
- *(No) hay* + artículo indeterminado + nombre.
- Artículos contractos.
- Marcadores espaciales.
- Verbo *estar*.
- Contraste *hay/está(n)*.
- *Mucho/a/os/as, poco/a/os/as* + nombre.
- *Muy* + adjetivo.
- Pronombres interrogativos: *¿Dónde?, ¿Qué?, ¿Cuántos/as?*

4. ¡QUÉ GUAPO!

Contenidos funcionales
- Hablar y preguntar sobre las relaciones personales.
- Pedir y dar información personal.
- Expresar posesión.
- Describir personas: descripción física, de carácter, vestimenta.

Contenidos gramaticales
- Adjetivos posesivos.
- Adjetivos de descripción física y de carácter.
- *Ser*, *tener*, *llevar*.

5. ¿DÓNDE VAMOS?

Contenidos funcionales
- Expresar necesidades, deseos y preferencias.
- Preguntar/decir el precio de algo.
- Agradecer/responder al agradecimiento.
- Pedir/dar información espacial.
- Pedir/dar instrucciones para traslados en medios de transporte.

Contenidos gramaticales
- Verbo *ir*.
- Verbos *necesitar, querer, preferir* + infinitivo/nombre.
- Preposiciones *a* y *en* con verbos de movimiento.

6. ¡HOY ES MI DÍA!

Contenidos funcionales
- Describir acciones y actividades habituales.
- Preguntar y decir la hora.
- Hablar de horarios.
- Expresar cantidad de manera aproximada.
- Expresar la frecuencia con la que se hace algo.
- Localizar temporalmente.

Contenidos gramaticales
- Verbos reflexivos.
- Algunas irregularidades del presente de indicativo: vocálicas: *e > ie*, *o > ue* y primera persona singular.
- Adverbios y expresiones de cantidad.
- Adverbios y expresiones de frecuencia.

7. ¿A CENAR O AL CINE?

Contenidos funcionales
- Expresar gustos y preferencias.
- Preguntar por gustos y preferencias.
- Expresar acuerdo y desacuerdo.
- Expresar dolor y malestar.

Contenidos gramaticales
- Verbos *gustar*, *encantar*...
- Verbo *doler* y *tener dolor de*...
- Pronombres de objeto indirecto.
- Adjetivos y adverbios de cantidad: *nada, poco, demasiado, bastante, mucho*...
- *También/tampoco*.

8. NOS VAMOS DE TAPAS

Contenidos funcionales
- Proponer un plan, aceptarlo o rechazarlo.
- Concertar una cita.
- Hablar de acciones en curso.
- Hablar de planes e intenciones.
- Expresar la manera de hacer algo.
- Pedir en un bar.
- Dar consejos.

Contenidos gramaticales
- Gerundio, formas y usos.
- *Estar* + gerundio.
- Verbo *quedar*.
- *Poder* + infinitivo con valor de sugerencia o proposición.
- *Ir* + *a* + infinitivo.

9. VIAJA CON NOSOTROS

Contenidos funcionales
- Hablar del tiempo atmosférico.
- Narrar acciones en el pasado.
- Describir lugares geográficamente.

Contenidos gramaticales
- Pretérito indefinido: morfología (formas regulares y algunas irregulares: *ser, ir, dar, estar, tener* y *hacer*) y uso.
- Marcadores temporales: *ayer, anoche, anteayer, el otro día, la semana pasada, el mes pasado, el año pasado*.

10. ¡MAÑANA ES FIESTA!

Contenidos funcionales
- Dar/pedir opinión.
- Expresar acuerdo y desacuerdo.
- Dar instrucciones.
- Formas para expresar la negación.

Contenidos gramaticales
- *Creo que/Pienso que/Para mí* + opinión.
- Verbo *parecer*.
- *Yo estoy de acuerdo con/No estoy de acuerdo con* + opinión.
- La negación.
- Imperativo afirmativo: regulares y algunos irregulares.

PREPÁRATE PARA EL DELE A1

Contenidos funcionales
- Saludar y responder al saludo formal e informalmente.
- Despedirse.
- Presentar(se) y responder a la presentación.
- Dirigirse a alguien.
- Pedir confirmación y confirmar información previa.
- Preguntar cómo se dice algo en otra lengua.
- Pedir aclaraciones y repeticiones.
- Deletrear.

Contenidos gramaticales
- Pronombres personales sujeto.
- El uso de *vos*.
- *Tú/usted.*
- Verbo *ser.*
- Verbo *llamarse.*
- Pronombre interrogativo: *¿Cómo?*

Tipos de texto y léxico
- Diálogos breves.
- Nacionalidades.
- Léxico de supervivencia en clase.
- Nombres de países y continentes.

El componente estratégico
- Relacionar información a través de las imágenes.

Contenidos culturales
- Los tratamientos de cortesía en España e Hispanoamérica.
- Nombres y apellidos españoles.

Ortografía/Fonética
- Los signos de interrogación y exclamación.
- El alfabeto.
- Abreviaturas.

¡HOLA! ¿CÓMO TE LLAMAS?

> | 1 | Hoy es el primer día de clase en una escuela de idiomas. Escucha con atención los diálogos y completa.

2. Nombre:

1. Nombre:

3. Nombre:

4. Nombre:

| 1.1. | Clasificad las siguientes expresiones del audio en la columna correspondiente.

		Saludar	Presentarse			Saludar	Presentarse
1	Hola.	○	○	3	Buenos días.	○	○
2	Soy Alejandro.	○	○	4	Me llamo Vicente.	○	○

| 1.2. | Leed con atención la siguiente explicación, y comprobad si vuestras respuestas anteriores son correctas.

| 1.3. | Conoce a tus compañeros de clase. Formad grupos y presentaros siguiendo el ejemplo.

Saludar y presentarse

✕ Para **saludar** puedes usar:
  - ¡Hola!
  - ¡Buenos días!

✕ Para **presentarte** y responder puedes usar:
  - ○ **Me llamo** Ana. ¿Y tú? ¿Cómo te llamas?
  - ● **Soy** Vicente.

  - ○ ¿Cómo se llama?
  - ● **Se llama** Alejandro./**Es** Miriam.

Hola, me llamo Ana. ¿Y tú? ¿Cómo te llamas?

Hola, soy Vicente.

| 1.4. | Formad grupos de trabajo y observad los dibujos con atención. Decidid en cada equipo el pronombre personal adecuado y completad los espacios en blanco. A continuación, escuchad las presentaciones y comprobad si las respuestas son correctas.

| 2 |

✕ ella   ✕ nosotros   ✕ él   ✕ vosotras   ✕ ellos   ✕ tú

1. yo
2.
3.
4.
5. usted
6. ustedes
7. nosotras
8. vosotros
9.
10.
11. ellas
12.

🔊 **Los pronombres personales**

✕ Hay pronombres personales **femeninos**: *ella*, *nosotras*, *vosotras* y *ellas*, y dos pronombres personales **formales**: *usted/ustedes*.

✕ *Tú* → *vos* (**voseo**) en algunos países de América del Sur (Argentina, Uruguay y Paraguay) y de América Central (Honduras, Guatemala, El Salvador, Nicaragua y Costa Rica).

✕ *Vosotros* → *ustedes*, en toda Hispanoamérica:
  — *Vosotras os llamáis Carmen y María.* → *Ustedes se llaman Carmen y María.*

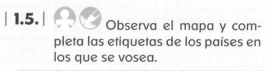

| **1.5.** | Observa el mapa y completa las etiquetas de los países en los que se vosea.

- ✕ Costa Rica
- ✕ Uruguay
- ✕ Argentina
- ✕ Guatemala
- ✕ Honduras
- ✕ Paraguay
- ✕ El Salvador
- ✕ Nicaragua

| **1.6.** | Estas son las formas del verbo *llamarse*. Completa los espacios en blanco con la terminación correcta. Trabaja con tu compañero.

- ✕ -amos
- ✕ -a
- ✕ -an
- ✕ -áis
- ✕ -o
- ✕ -as

Presente de indicativo del verbo *llamarse*

Yo	me	llam........	Nosotros/as	nos	llam *amos*
Tú	te	llam........	Vosotros/as	os	llam........
Él/ella/usted	se	llam........	Ellos/ellas/ustedes	se	llam........

Fíjate

La forma **vos** de **llamarse** es **te llamás**: — *Vos te llamás Ernesto.*

| **1.7.** | Es el primer día de clase y los estudiantes se presentan. Completa los espacios en blanco con la forma correcta del verbo *llamarse*.

Yo me llamo Alejandro.

Alejandro

1 Yo *me llamo* Alejandro.
2 Ella .... Marta.
3 Tú .... Ana.
4 Ellos .... Vicente y Miriam.

5 Vosotras .... Alba y Martina.
6 Ustedes .... María y Rebeca.
7 Usted .... Miguel.
8 Nosotros .... Adrián y Mateo.

>> **EL ALFABETO. DELETREAMOS**

>| **1** | Escucha el nombre de las letras en español y repite el alfabeto.
| 3 |

A	B	C	D	E	F	G	H	I
a		ce			efe		hache	

J	K	L	M	N	Ñ	O	P	Q
jota		ele	eme		eñe			cu

R	S	T	U	V	W	X	Y	Z
erre				uve	uve doble	equis	i griega / ye	zeta

| **1.1.** | Escucha de nuevo y completa el nombre de las letras que faltan.

| 3 |

> | **2** | Vamos a aprender algunos nombres y apellidos en español. Leed la siguiente lista, clasificad-los en la columna correcta y elaborad nombres completos.

Nombres	Apellidos
❶ _____ Silvia _____	❶ ....
❷	❷ _____ Santos _____
❸	❸ ....
❹	❹ ....

✕ López   ✕ Santos

✕ Miguel   ✕ Navarro

✕ Beatriz   ✕ Alba

✕ Silvia   ✕ Fernández

| **2.1.** | Ahora, elegid tres nombres completos y escribidlos debajo de cada foto. Hablad según el ejemplo.

Ejemplo:
- 🔵 ¿Cómo se llama?
- 🔵 Se llama Silvia.
- 🔵 ¿Cómo se escribe?
- 🔵 Se escribe ese, i, ele, uve, i, a.

- 🔵 ¿Cómo se apellida?
- 🔵 Se apellida Santos.
- 🔵 ¿Cómo se escribe?
- 🔵 Se escribe ese, a, ene, te, o, ese.

Preguntar y decir el nombre y el apellido

✕ Para **preguntar** el nombre y el apellido:
- **¿Cómo te llamas/apellidas?**
- **¿Cómo se llama/apellida usted?**

✕ Para **responder**:
- **Me llamo/Soy** Ana.

En algunos países de habla hispana se usan dos apellidos. El primer apellido es el del padre y el segundo el de la madre.

Fíjate

En español hay dos signos de interrogación y exclamación:
- ¿Cómo te llamas?
- ¡Hola!

| **2.2.** | Pregunta a tus compañeros cuál es su apellido y pide que lo deletreen. ¿Quién tiene el apellido con más letras? ¿Quién tiene el apellido con menos letras?

| **2.3.** | Primero, entra en Internet y consulta más nombres y apellidos en español. Busca un nombre completo para ti y otro para tu compañero y presentaros al resto de la clase con vuestra nueva identidad.

UNA VUELTA AL MUNDO

>| **1** | Hoy es el primer día de clase de español para Said, un chico marroquí. Formad parejas y ayu-dadle a escribir los nombres de los países escritos en el mapa en la columna correspondiente. Pregunta a tu profesor el nombre de otros países que quieres saber y anótalos.

África	América	Asia	Europa	Oceanía
Sudáfrica	Brasil	China	Francia	Nueva Zelanda

| **1.1.** | Ahora completad el cuadro con las nacionalidades de los países de la tabla.

	Masculino singular	Femenino singular	Masculino plural	Femenino plural
● Alemania	alemán	alemana	alemanes	
● Argentina	argentino			argentinas
● Bélgica		belga	belgas	
● Brasil		brasileña	brasileños	
● China		china		chinas
● Colombia	colombiano	colombiana		
● España	español			españolas
● Estados Unidos	estadounidense	estadounidense		
● Italia	italiano		italianos	
● Japón		japonesa		japonesas

Las nacionalidades

✗ Normalmente:
- Masculino ➜ **-o, -és**: *argentino, cubano, italiano, inglés, francés, portugués.*
- Femenino ➜ **-a, -esa**: *argentina, cubana, italiana, inglesa, francesa, portuguesa.*

✗ Con su propia forma:
- **Masculino/femenino**: *alemán/alemana, español/española, brasileño/brasileña.*
- **Invariable**: *estadounidense, belga.*

> | **2** | ¿De dónde eres? Con tu compañero, completa las siguientes frases con una de las palabras del recuadro y la nacionalidad adecuada.

✗ es   ✗ somos   ✗ soy   ✗ sois   ✗ eres   ✗ son

CUBA

1 Yo | soy | de Cuba.
Yo | soy cubano |.

JAPÓN

2 Tú | | de Japón.
Tú | |.

ESPAÑA

3 Ella | | de España.
Ella | |.

ESTADOS UNIDOS

4 Nosotros | | de Estados Unidos.
Nosotros | |.

FRANCIA

5 Vosotras | | de Francia.
Vosotras | |.

EGIPTO

6 Ellos | | de Egipto.
Ellos | |.

> | **3** | Fíjate en la conjugación del verbo *ser*, y comprueba las respuestas anteriores.

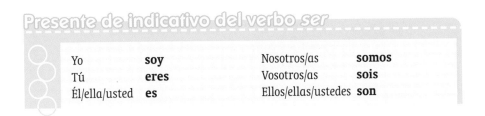

Presente de indicativo del verbo *ser*

Yo	**soy**	Nosotros/as	**somos**
Tú	**eres**	Vosotros/as	**sois**
Él/ella/usted	**es**	Ellos/ellas/ustedes	**son**

| **3.1.** | Leed los usos del verbo *ser* y completa los espacios en blanco con una de las palabras del recuadro.

> x nombre del país/ciudad   x nombre de persona   x nacionalidad/origen

Usos del verbo *ser*

- x Usamos el verbo *ser* para **identificarnos**, con la siguiente estructura:
  - *Ser* + [1] ....
    - **Soy** Miriam Rubio.
- x Para decir **la nacionalidad** o **el origen** también se usa el verbo *ser*:
  - *Ser* + [2] ....
    - **Soy** mexicana.   — **Eres** catalán.
  - *Ser* + *de* + [3] ....
    - **Soy de** Guanajuato, México.

| **Sensaciones** |

> | **4** | Valora tu primer contacto con el español. ¿Cómo te sientes?

Nervioso/a

Aburrido/a

Contento/a, feliz

Tranquilo/a

PRESENTACIONES, SALUDOS Y DESPEDIDAS

> | **1** | Observa las fotografías, lee los diálogos y clasifícalos en formal o informal.

Diálogo **1** ... formal ◯ .... informal ◯

Diálogo **2** ... formal ◯ .... informal ◯

Diálogo **3** ... formal ◯ .... informal ◯

Diálogo **4** ... formal ◯ .... informal ◯

● Hola, Inés, **¿qué tal estás?**
● Muy bien, gracias. ¿Y tú? **¿Cómo estás?**

● **Buenos días**, es usted la abuela de Marga, ¿verdad?
● Sí, soy yo...
● **Yo soy** Mercedes, la amiga de Marga. **¿Cómo está usted?**

● **Mira, estos son la señora García y el señor Valbuena**, los directores de la escuela de idiomas. **Miren, les presento a Claudia**, estudia inglés en la escuela.
● **Hola**, buenas tardes. **Mucho gusto. ¿Cómo están?**

● ¡Hola, chicos! **¿Qué tal?**
● ¡Hola! ¡Muy bien! ¿Y vosotros?

| **1.1.** | ¿En qué te has fijado para hacer la clasificación?

| **1.2.** | Vuelve a leer los diálogos y completa este cuadro.

Las formas de tratamiento

✗ En español peninsular, [1] .... y [2] .... se usan para hablar con amigos y familia, es informal. *Usted* y *ustedes* se utilizan para hablar con personas mayores, desconocidas o situaciones más formales. [3] .... y [4] .... van siempre con el verbo en tercera persona:

– ¿*Usted es* la abuela de Ana?   – *Ustedes son* la señora García y el señor Valbuena, ¿verdad?

| **1.3.** | Leed el siguiente cuadro y completad los espacios en blanco con una de las frases en negrita de los diálogos anteriores.

Saludos, presentaciones y despedidas

Informal	Formal
✗ **Saludar** y **presentarse**: [1] .... • Hola, ¿qué tal estás? ¿cómo estás? • Hola, [2] ..../**me llamo** Mercedes.	• [3] ...., ¿qué tal está usted? • Buenas tardes/noches, [4] .... • Buenos días, **soy/me llamo** Claudia. • Buenas tardes/noches,
✗ **Responder** a una presentación: • Hola, ¿qué tal?	• **Encantado/a.** • ¿Cómo está? • [5] ....
✗ Para **presentar a alguien**: • Mira, **este es** el señor Valbuena. • [6]	• Mire, **le presento a** la señorita García. • [7] ....
✗ Para **despedirse**, se usan las mismas fórmulas: • Adiós. • **Hasta** luego/mañana/pronto.	

>| **2** | Lee el siguiente cuadro y completa los siguientes textos con las abreviaturas.

Abreviaturas

✗ En español decimos *señor*, *señora* y *señorita*, pero cuando escribimos podemos utilizar las abreviaturas *Sr.* (señor)/*Sres.* (señores), *Sra.* (señora)/*Sras.* (señoras), *Srta.* (señorita).

✗ Otros tratamientos abreviados son *Dr.* (doctor)/*Dra.* (doctora), *Prof.* (profesor)/*Profa.* (profesora).

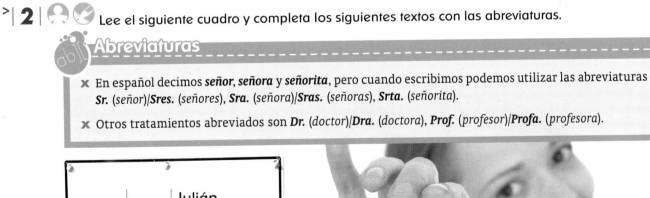

| Julián
Sánchez Mateos
Jefe de Servicio de Odontología
Hospital Clínico Universitario

| Marta Martín Encinar
| titular
Departamento de lenguas extranjeras
Universidad de Salamanca
marta_martin@yahoo.es

CONTINUA »

Luis Carrasco Peláez
Carmen Valera Cruz

Martín Crespo Porras
Mercedes Castro Ramiro

Les invitan al enlace de sus hijos Elena y Enrique
que tendrá lugar el próximo 12 de julio en la iglesia de San Martín de Madrid.

Se ruega confirmación

☐ Carrasco Valera
Tel. 619 234 523

☐ Crespo Castro
Tel. 626 132 413

>| **3** |  Ahora, elaborad dos diálogos siguiendo las instrucciones, y representadlos delante de la clase.

Diálogo A

- En una escuela de idiomas, una estudiante presenta a dos compañeros (un chico alemán y una chica inglesa) a la directora de la escuela.
- El chico alemán se llama Klaus, y la chica inglesa se llama Kate. La directora de la escuela es Marta Jiménez.
- Se presentan, se saludan y se despiden.

Diálogo B

- En la calle, Klaus presenta a Kate a dos amigos, una chica española y un chico colombiano. La chica se llama Ana, y el chico se llama Alejandro.
- Se presentan, se saludan y se despiden.

⟩⟩ ¿PUEDES REPETIR, POR FAVOR?

>| **1** | A continuación te presentamos cinco breves diálogos. Lee con atención las dos columnas y relaciónalas.

1. **¿Puedes repetir** tu correo electrónico, **por favor?** . . . . ✳

2. Tú eres de Argentina, **¿verdad?** . . . . ✳

3. Mi nombre es Xiao Huang. . . . . ✳

4. **¿Cómo se dice en español** "e-mail"? . . . . ✳

5. Hola, yo soy Marta, de Madrid y estudio inglés, francés... . . ✳

✳ a. ¡Buf, Marta! **¡Más despacio, por favor!**

✳ b. Correo electrónico.

✳ c. Sí, claro. Raul@codmail.com.

✳ d. Sí, sí, de Buenos Aires.

✳ e. ¿Cómo? **¿Puedes deletrearlo, por favor?**

| **1.1.** | 🐟 🐤 Ahora, leed de nuevo los diálogos y colocad las expresiones en negrita en el espacio correspondiente.

Preguntas de clase

✖ Para preguntar **cómo se deletrea** una palabra:
  - [1] ....
  - **¿Cómo se deletrea?**

✖ Para preguntar **cómo se dice una palabra** en una lengua:
  - [2] ....

✖ Para **pedir repeticiones** o **aclaraciones**:
  - [3] ....
  - [4] ....
  - **¡Más alto, por favor!**

✖ Para **pedir confirmación** de una información:
  - **Tú eres** Marta, **¿no?** / [5] ....

| **1.2.** | 🐟 🌐 Escribe el nombre y apellido de tu compañero correctamente. Utiliza las expresiones del cuadro y representa este pequeño diálogo ante la clase.

- ● Me llamo ....
- ● ¡.., por favor!
- ● ...., ¿y tú?, ¿cómo te llamas?

- ● Yo me llamo ....
- ● ¿..?
- ● ....

¿Qué he aprendido?

1 ¿Cómo te llamas? ¿Puedes deletrear tu nombre?
....

2 ¿Puedes reconocer nombres y apellidos españoles? Elabora una lista.

Nombres	Apellidos

3 ¿Qué pronombre personal no está en esta lista?

tú • él • ella • nosotros • nosotras • ellos • ustedes • vosotros • ellas • yo • vosotras
....

4 Presenta a tu compañero.
....

5 Completa.

Los habitantes de Brasil se llaman ...., los de Colombia ...., los de Estados Unidos .... y los de Japón, ...

6 Completa.

Para hablar con amigos y familia usamos las formas ...., pero para hablar con personas mayores, desconocidas o situaciones más formales usamos las formas ....

7 Reflexiona.

De esta unidad lo más difícil de aprender es ....
y lo más fácil es ....

2 ESTUDIANTE DE PROFESIÓN

Contenidos funcionales
- Pedir y dar información personal: nombre, edad, nacionalidad, profesión, número de teléfono...
- Expresar posesión y pertenencia.
- Expresar sensaciones y sentimientos.

Contenidos gramaticales
- El artículo determinado.
- El género y el número del nombre.
- Concordancia del artículo determinado y del adjetivo con el nombre.
- Verbos *tener*, *trabajar* y *hablar*.
- Pronombres interrogativos: *¿Cuál? ¿Qué? ¿Cuántos?...*

Tipos de texto y léxico
- Texto descriptivo de información personal: formulario.
- Léxico de la clase.
- Los colores.
- Los números.
- Profesiones y lugares de trabajo.
- Léxico relacionado con las sensaciones.
- Léxico relacionado con las operaciones matemáticas.

El componente estratégico
- Estrategias para la adquisición de léxico a través de imágenes.
- Recursos para usar el diccionario.

Contenidos culturales
- Las lenguas en España.

Fonética
- Presentación de los principales contrastes fónicos del español:
- /l/, /r/, /rr/;
- /g/, /x/, /k/;
- /s/, /θ/.

≫ ¡A CLASE!

Grupo cooperativo

> | 1 | En grupos, observad vuestra clase con atención. ¿Cuántas palabras conocéis en español relacionadas con objetos de la clase? Elaborad una lista. Después, seguid estas pautas.

1. Un alumno de cada grupo sale a la pizarra y escribe tres palabras de su lista.
2. El profesor os va a dar una ficha con imágenes. Relacionad las imágenes con las palabras de la pizarra.
3. Completad las palabras que no tienen imagen con un dibujo y las imágenes que no tienen nombre con una palabra. Podéis usar el diccionario.
4. ¿Cuántas palabras podéis recordar sin mirar la pizarra?
5. Señalad la opción correcta, según vuestra opinión.

Para aprender palabras nuevas me ayuda/n:
- [ ] las imágenes
- [ ] dibujar
- [ ] traducir
- [ ] el diccionario
- [ ] asociar las palabras del mismo campo léxico
- [ ] ....

> **2** Observad la imagen de la clase y completad los espacios en blanco con el léxico adecuado.

| **2.1.** Ahora clasificad todas las palabras de la actividad 2 en su lugar correspondiente.

> **Mobiliario de clase**

> **Objetos personales**

| **2.2.** ¿Podéis ampliar las listas de la actividad 2.1.?

| **2.3.** Comparad vuestras listas. ¿Qué cosas faltan en vuestra clase? ¿Qué objetos personales creéis que os faltan?

DE COLORES

> **1** Busca estas palabras en el diccionario y di si son masculinas o femeninas. Luego, completa el cuadro.

	Masc.	Fem.		Masc.	Fem.		Masc.	Fem.
1 tres	○	○	**6** día	○	○	**11** bolígrafo	○	○
2 mapa	○	○	**7** ciudad	○	○	**12** estudiante	○	○
3 carpeta	○	○	**8** libro	○	○	**13** perro	○	○
4 martes	○	○	**9** cuaderno	○	○	**14** tema	○	○
5 niño	○	○	**10** padre	○	○	**15** lección	○	○

Fíjate

El diccionario siempre indica el género de cada nombre.

carpeta.
(Del fr. *carpette*, tapete)
1. f. Útil de escritorio.

El género: masculino o femenino

✗ Los nombres de personas y animales tienen, normalmente, dos géneros, **masculino** y **femenino**:
[1] ..../la niña; el perro/la perra.

✗ Los nombres de objetos, conceptos y sentimientos **solo tienen un género**, masculino o femenino:
la pizarra, el estrés.

   • Los nombres masculinos generalmente terminan en **-o**: *el chico, el libro, el* [2] ...., *el*
   [3] ....

   • Los nombres femeninos generalmente terminan en **-a**, **-dad** y **-ción**: *la chica, la* [4] ....,
   la [5] ...., *la* [6] ....

Otros casos

✗ Masculinos que terminan en **-a**: *el mapa, el* [7] ...., *el* [8] ....

✗ Femeninos que terminan en **-o**: *la mano, la foto.*

✗ Nombres que terminan en **-e**, masculinos o femeninos: *el coche, el garaje, la leche.*

✗ Dos palabras diferentes para masculino y femenino: [9] ..../*madre, caballo/yegua.*

✗ Invariables: [10] ...., *periodista.*

✗ Son masculinos los nombres de los números y de los días de la semana: *el* [11] ...., *el*
[12] ....

| **1.1.** | 🔱 🌐 En las siguientes series de palabras hay un intruso con respecto al género.
Decid cuál es y por qué.

❶ ○ a. libro
○ b. bolígrafo
○ c. estudiante
○ d. cuaderno

❷ ○ a. tema
○ b. casa
○ c. pizarra
○ d. silla

❸ ○ a. día
○ b. mapa
○ c. tema
○ d. señora

❹ ○ a. ciudad
○ b. lección
○ c. padre
○ d. nación

>| **2** | 🔱 🌐 Relaciona y completa el cuadro. Trabaja con tu compañero.

1. ☐ silla
2. ☐ silla**s**
3. ☐ rotulador
4. ☐ rotulador**es**
5. ☐ cuaderno
6. ☐ cuaderno**s**
7. ☐ libro
8. ☐ libro**s**
9. ☐ cartel
10. ☐ cartel**es**

El número: singular o plural

✗ El número indica la **cantidad de objetos o seres** a la que nos referimos con el nombre.

   • Un solo objeto o ser ➜ [1] ....

   • Más de un objeto o ser ➜ [2] ....

CONTINÚA »

✕ Los nombres que terminan en **vocal** ➜ plural en [3] .... : [4] .... , [5] .... , [6] ....

✕ Los nombres que terminan en **consonante** ➜ plural en [7] .... : [8] .... , [9] ....

✕ Los nombres que terminan en **-s** son invariables: *el martes, los martes.*

| **2.1.** | Formad grupos y clasificad las palabras en el recuadro correspondiente. ¡Gana el equipo más rápido!

✕ rotuladores ✕ garajes ✕ problema ✕ papelera ✕ calle ✕ árbol ✕ carpetas
✕ lápiz ✕ lecciones ✕ mapas ✕ día ✕ libro ✕ canción ✕ fotos

Masculino singular	*Femenino singular*	*Masculino plural*	*Femenino plural*

| **2.2.** | Leed la información sobre el artículo determinado y completadla con las palabras del recuadro. Luego, poned el artículo determinado correspondiente a las palabras clasificadas de la actividad anterior.

✕ **los** cuaderno**s** ✕ **el** libr**o** ✕ **la** pizarr**a** ✕ **las** silla**s**

El artículo determinado

	Masculino	Femenino
Singular	[1]	[2] ....
Plural	[3]	[4] ....

✕ El artículo determinado *(el/la/los/las)* **concuerda** en género y número con el nombre al que acompaña y sirve para identificar y hablar de un objeto o ser que conocemos o del que ya hemos hablado antes:

— *En mi clase hay diez* <u>mesas</u>. ***Las mesas*** *son verdes.*

> | **3** | Lee las frases y fíjate en las imágenes.

Los árboles son verdes.

Las nubes son blancas.

Los plátanos son amarillos.

El humo es gris.

Los tomates son rojos.

El mar es azul.

El café es negro.

La roca es gris.

La flor es azul.

La noche es negra.

| **3.1.** | 🧑 ⚙️ Ahora, reflexiona sobre el género de los adjetivos y completa el cuadro.

El género de los adjetivos

✕ Los adjetivos concuerdan en [1] .... y [2] .... con el nombre al que acompañan.

Género

✕ En **-o** para [3] .... y en **-a** para [4] ....: *guapo/guapa, pequeño/pequeña,*
[5] ..../[6] ...., *blanco/blanca, rojo/*[7] ...., [8] ....*/amarilla.*

✕ Los que terminan en [9] .... y algunos de los que terminan en consonante son invariables:
[10] ...., [11] ...., [12] ...., *grande, fácil, feliz,* **pero** *trabajador/trabajadora.*

| **3.2.** | 🧑 ⚙️ Escribe en tu cuaderno frases para describir de qué color son estas cosas.

Ejemplo: *Los lápices son negros.*

>| **4** | 🔲 🌐 Usa tu imaginación y escribe en un papel el color que te sugieren las siguientes palabras. Si no conoces su significado, pregúntale al profesor. A continuación, levántate y pregunta a tus compañeros el color que les sugiere a ellos. ¿Quiénes coinciden más contigo?

✕ la alegría   ✕ la guerra   ✕ la tranquilidad
✕ la tristeza   ✕ la paz   ✕ el amor
✕ la esperanza   ✕ el estrés   ✕ la amistad

Ejemplo:
🔵 *¿De qué color es para ti la alegría?*
🔵 *Para mí, es amarilla.*
🔵 *Pues, para mí es verde.*

Sensaciones

>| **5** | 🔲 🌐 Cuando hablas español, ¿qué color te sientes?

>> LOS NÚMEROS

>| **1** | 🧑 🔊 Escucha y repite.
| 4 |

0	cero	10	diez	20	veinte	30	treinta
1	uno	11	once	21	veintiuno	31	treinta y uno
2	dos	12	doce	22	veintidós	42	cuarenta y dos
3	tres	13	trece	23	veintitrés	53	cincuenta y tres
4	cuatro	14	catorce	24	veinticuatro	66	sesenta y seis
5	cinco	15	quince	25	veinticinco	75	setenta y cinco
6	seis	16	dieciséis	26	veintiséis	88	ochenta y ocho
7	siete	17	diecisiete	27	veintisiete	97	noventa y siete
8	ocho	18	dieciocho	28	veintiocho	100	cien
9	nueve	19	diecinueve	29	veintinueve	101	ciento uno

| **1.1.** | 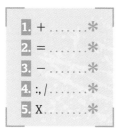 |5| Señala con una **X** los números que escuches de la tabla anterior.

| **1.2.** | 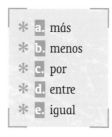 |5| Escucha de nuevo. Escribe los números en letra y, sin mirar la tabla, ordénalos de menor a mayor.

| **1.3.** | ¿Quién es la pareja más rápida? Intercambia con tu compañero tu número de móvil y apúntalo. Tu profesor controlará el tiempo y nombrará a la pareja ganadora.

> ¿**Cuál** es tu número de móvil?

> Mi número de móvil es seis, tres, dos, uno, cinco, dos, cero, seis, ocho.

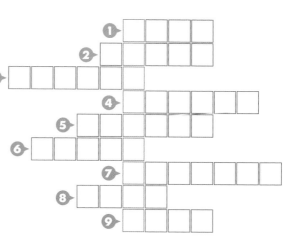

> | **2** | Relaciona cada signo matemático con su nombre.

1.	+ ....*
2.	= ....*
3.	− ....*
4.	:, / ....*
5.	X ....*

* **a.** más
* **b.** menos
* **c.** por
* **d.** entre
* **e.** igual

| **2.1.** | Realiza las operaciones y resuelve el crucigrama. ¿Cuál es el número secreto?

1 Cinco más cinco.
2 Veintiuno entre tres.
3 Tres por cinco.
4 Dos más dos.
5 Cuarenta menos veinte.
6 Quince entre tres.
7 Siete por dos.
8 Doce menos cuatro.
9 Diez más uno.

❶ ▢▢▢▢
❷ ▢▢▢▢
❸ ▢▢▢▢▢▢
❹ ▢▢▢▢▢
❺ ▢▢▢▢
❻ ▢▢▢▢
❼ ▢▢▢▢▢▢▢
❽ ▢▢▢▢
❾ ▢▢▢▢

> | **3** | Vamos a jugar. Sigue las instrucciones del profesor.

¿QUÉ TIENES?

> | **1** | Relaciona las frases con las fotografías. Luego completa el cuadro y marca la opción correcta.

1 ▢ Tengo hambre.
2 ▢ Tengo calor.
3 ▢ Tengo sed.
4 ▢ Tengo dos buenos amigos.
5 ▢ ¡Tengo 10 años!
6 ▢ Tengo un coche.
7 ▢ Tengo sueño.

Presente de indicativo del verbo *tener*

Yo	....
Tú	**tie**nes
Él/ella/usted	**tie**ne
Nosotros/as	tenemos
Vosotros/as	tenéis
Ellos/ellas/ustedes	**tie**nen

- El verbo *tener* es un verbo ☐ **regular**/ ☐ **irregular**.

Cambia la:

☐ 1.ª persona singular   ☐ 1.ª persona plural
☐ 2.ª persona singular   ☐ 2.ª persona plural
☐ 3.ª persona singular   ☐ 3.ª persona plural

| **1.1.** | 🧑‍🤝‍🧑 Lee con atención la explicación y coloca las siguientes palabras en los espacios en blanco.

> ✗ frío   ✗ 18 años   ✗ un diccionario

Usos del verbo *tener*

- ✗ Expresar **posesión** y pertenencia:
  - – Javier y Susana **tienen** una casa grande.
  - – Carlos **tiene** [1] ....

- ✗ Expresar **sensaciones** y **sentimientos**:
  - – **Tengo** [2] ....
  - – **Tengo** ilusión.

- ✗ Preguntar y decir la **edad**:
  - ¿Cuántos años **tiene** Javier?
  - • Javier **tiene** [3] ....

> | **2** | 🫂💬 Pregunta a tus compañeros si tienen las siguientes cosas, edades y sensaciones y completa la tabla.

María, ¿tienes teléfono móvil?

Sí, claro./ No, no tengo.

Cosas/Edad/Sensaciones	Sí	No	Nombre del compañero/a
1 Teléfono fijo.	◯	◯	
2 Un/a novio/a extranjero/a.	◯	◯	
3 Un coche deportivo.	◯	◯	
4 Frío.	◯	◯	
5 Hambre.	◯	◯	
6 Sed.	◯	◯	
7 Menos de 18 años.	◯	◯	
8 Más de 18 años.	◯	◯	

| **2.1.** | 🫂💬 Poned en común los datos que habéis obtenido. ¿Todos tenéis teléfono fijo? ¿Quién es el más joven de la clase? ¿Y el mayor?

» ¿A QUÉ TE DEDICAS?

> | **1** | 🫂💬 ¿A qué se dedican? ¿En qué trabajan? Observad las fotos y relacionadlas con su profesión.

Hablar de la profesión

- ✗ Para **preguntar** la profesión:
  - • **¿A qué te dedicas?**
  - • **¿En qué trabajas?**

- ✗ Para **decir** la profesión:
  - • **Soy** + profesión
    - – Soy abogado.
  - • **Trabajo en** + lugar de trabajo
    - – Trabajo en una escuela de español.

CONTINÚA »

A	B	C	D

1		profesora de español
2		peluquero
3		arquitectos
4		jardinero
5		policías
6		médico y enfermera
7		abogada
8		dependienta

| 1.1. | A continuación, escucha y completa el cuadro.

Nombre	Profesión	Lugar de trabajo	Ciudad
1		escuela de idiomas	Madrid
2 Carlos	peluquero		
3 Jaime y María	arquitectos		
4	jardinero		Alicante
5 Ana y Javier		comisaría	
6 Silvia y Marcos	enfermera y médico		
7		empresa	
8		papelería	

| 1.2. | Escucha de nuevo y comprueba las respuestas con tu compañero. ¿Habéis coincidido?

| 2 | Levántate, escoge a un compañero y pregúntale para completar el formulario. Hazle tú una pregunta de tu elección.

Nombre:

Apellido:

Edad: Nacionalidad:

País/ciudad de residencia:

Profesión:

Lugar de trabajo:

Idiomas:

Mascota preferida: perro, gato...

Libro preferido:

Deporte preferido:

Otra información:

Recursos para pedir y dar información personal

- ¿**Cómo** te llamas? → Me llamo...
- ¿**De dónde** eres? → Soy de.../Soy...
- ¿**Dónde** vives? → Vivo en...
- ¿**Cuántos** años tienes? → Tengo...
- ¿**Qué** lenguas hablas? → Hablo...
- ¿**A qué** te dedicas? → Soy.../Trabajo en...
- ¿**Cuál** es tu mascota/deporte/libro... preferido/a? → Mi mascota/deporte/libro... preferido/a es...

Observa

✗ ¿**Cuál** + verbo + nombre/frase?
  – ¿Cuál es tu libro preferido?
✗ ¿**Qué** + nombre + verbo?
  – ¿Qué libro prefieres?

| 3 | Vamos a elaborar un póster con información personal de los miembros de la clase. Compartid la información obtenida en la actividad anterior y confeccionad el póster con una ficha de cada uno y su foto. Colgadlo en un lugar visible de la clase.

¡QUÉ BIEN SUENA!

> | **1** | 〔〕◁) Escucha los siguientes pares de palabras y repite. No importa el significado ahora.
|7|

- ✕ pero-perro
- ✕ casa-caza
- ✕ suelo-suero
- ✕ peces-peses
- ✕ pagar-pajar
- ✕ helar-errar
- ✕ manco-mango
- ✕ sepa-cepa
- ✕ churro-chulo
- ✕ jara-jarra
- ✕ quiso-guiso
- ✕ mesa-meza

> | **2** | 〔〕◁) Marca las palabras que escuches. No importa el significado ahora.
|8|

☐ liga	☐ bajo	☐ zueco	☐ cazo	☐ losa	☐ perra
☐ rama	☐ guerra	☐ coro	☐ mango	☐ zeta	☐ hora

> | **3** | 〔〕◁) Escucha la canción y marca las palabras que oyes.
|9|

☐ quinto	☐ cuántos	☐ Suiza	☐ Francia	☐ catalán	☐ ingeniero
☐ café	☐ México	☐ ¿Qué tal?	☐ sueco	☐ gallego	☐ cinco
☐ agua	☐ tango	☐ Guinea	☐ España		

¡HOLA, OLA, KAIXO!

| **Cultura** |

> | **1** | ♻ ◯ ¿Sabes qué lenguas se hablan en España? Discútelo con tus compañeros.

- ✕ inglés
- ✕ andaluz
- ✕ swahili
- ✕ vasco/euskera
- ✕ francés
- ✕ portugués
- ✕ español
- ✕ catalán
- ✕ gallego

| **1.1.** | 🗺 ◯ Poned en común vuestras respuestas a la actividad anterior. Después, observad el mapa. ¿Cómo se llaman las Comunidades de las lenguas señaladas en color?

● catalán / ● valenciano / ● mallorquín

● gallego / ● vasco

| **1.2.** | 〔〕📖 Lee el texto y comprueba las respuestas anteriores.

En España se hablan cuatro lenguas: español, catalán, gallego y vasco o euskera. El español es el idioma oficial de España pero hay varias regiones donde además de español se habla otra lengua oficial. En Cataluña se habla catalán, así como en las Islas Baleares y en la Comunidad Valenciana (en este caso, la lengua se llama *mallorquín* y *valenciano*), en Galicia, se habla gallego y en el País Vasco, vasco o euskera. El gallego, catalán y castellano proceden del latín, y tienen palabras en común. El vasco es una lengua anterior al latín y su origen es un enigma. Es una lengua muy diferente de las otras tres. ■

> | **2** | Escucha a las siguientes personas presentándose en su lengua. ¿Cómo se llaman? Escribe debajo sus nombres. ¿Quién de los cuatro habla vasco?

| 10 |

‖Intercultura‖

> | **3** | ¿Cuántas lenguas se hablan en tu país? ¿Son lenguas oficiales?

Ejemplo: *En mi país se habla/n...*

> | **4** | Poneos de acuerdo y elegid cada grupo un país de Hispanoamérica (Argentina, México, Perú, Chile...). Buscad información sobre qué lenguas se hablan allí, su origen, si son oficiales o no, etc.

| **4.1.** | Un miembro de cada grupo expone la información obtenida en otro grupo y así sucesivamente hasta compartir toda la información. Es necesario tomar notas.

| **4.2.** | Completad el mapa de Hispanoamérica que os va a dar el profesor con la información que habéis obtenido de vuestros compañeros.

¿Qué he aprendido?

1 Recuerda el vocabulario que has aprendido y escribe tres ejemplos en cada lista.

Colores	Números	Profesiones	Lugares de trabajo

2 Hazle estas preguntas a algún hispano o a una persona que hable español y anota sus respuestas.

Edad:.. Número de teléfono:..
Profesión:.. Lugar de trabajo:..

3 Señala el uso incorrecto.

El verbo *tener* sirve para...

1. Expresar pertenencia y posesión.
2. Expresar sensaciones y sentimientos.
3. Expresar procedencia.
4. Preguntar y decir la edad.

4 En esta unidad...

	Sí	Bastante	Un poco
1 ...me siento más seguro hablando en español.	○	○	○
2 ...he aprendido a trabajar en equipo.	○	○	○
3 ...me he divertido aprendiendo español.	○	○	○
4 ...he necesitado mucho la ayuda del profesor.	○	○	○

¡BIENVENIDOS A CASA!

Contenidos funcionales
- Hablar de la existencia de algo o de alguien, y de la cantidad.
- Pedir y dar información espacial: ubicar cosas y personas.

Contenidos gramaticales
- El artículo indeterminado.
- *(No) hay* + artículo indeterminado + nombre.
- Artículos contractos.
- Marcadores espaciales.
- Verbo *estar*.
- Contraste *hay/está(n)*.
- *Mucho/a/os/as, poco/a/os/as* + nombre.
- *Muy* + adjetivo.
- Pronombres interrogativos: *¿Dónde?, ¿Qué?, ¿Cuántos/as?*

Tipos de texto y léxico
- Texto descriptivo.
- Ficha de datos.
- Léxico de la casa: estancias y objetos.
- Léxico relacionado con la calle y el barrio.

El componente estratégico
- Adquisición de léxico mediante la asociación a conceptos.
- Recursos para trabajar el léxico de un texto antes de leerlo.

Contenidos culturales
- Dos calles emblemáticas: la Gran Vía de Madrid y la calle Florida de Buenos Aires.
- Tipos de vivienda en España y Argentina.
- El barrio de Chueca, Madrid.

Fonética
- Vocales y diptongos.

» EN MI CALLE HAY DE TODO

> | **1** | Alberto y María viven en dos calles muy famosas: la Gran Vía de Madrid y la calle Florida de Buenos Aires. Leed lo que dicen y relacionad las imágenes.

Madrid

Yo vivo en la Gran Vía de Madrid. Es una calle muy grande y muy famosa, especialmente por sus cines y teatros. Cerca de mi casa hay (1) **un teatro**, (2) **un cine**, (3) **un hotel**, (4) **una farmacia** y también (5) **restaurantes**.

A ☐

B ☐

C ☐

D ☐

E ☐

Madrid es la capital de España y está en el centro de la Península Ibérica. Es la ciudad más grande y poblada del país, con más de seis millones de habitantes y la tercera más poblada de la Unión Europea. Algunos lugares turísticos de interés son: los museos del Prado, Reina Sofía y Thyssen-Bornemisza, el Parque del Retiro, la Puerta de Alcalá, la Plaza Mayor… Es una ciudad conocida por su vida nocturna, bares y discotecas, y por su actividad cultural. ■

A ☐ B ☐ C ☐ D ☐ E ☐

*Yo también vivo en una calle muy popular, se llama calle Florida y es la calle peatonal más popular de Buenos Aires. Al lado de de mi casa hay (1) **un banco**, (2) **una tienda de ropa**, (3) **una librería**, (4) **una tienda de electrodomésticos** y (5) **una zapatería**.*

Buenos Aires

Buenos Aires es la capital de Argentina. Está situada en el centro-este del país, en el occidente del río de la Plata, y tiene más de doce millones de habitantes: es la segunda área urbana de Sudamérica y una de las veinte mayores ciudades del mundo. Buenos Aires es conocida por su gran actividad cultural y posee lugares emblemáticos como la Plaza de Mayo, la Casa Rosada, el barrio de Boca o Puerto Madero. ◼

| **1.1.** | ¿Qué hay y qué no hay en tu calle? ¿A cuál se parece más: a la de Alberto o a la de María?

Ejemplo: *Mi calle se parece más a la de María porque hay…*

> | **2** | Ahora, con las siguientes palabras completa el cuadro.

- ✗ una
- ✗ unas
- ✗ tiendas de música
- ✗ librería
- ✗ restaurantes
- ✗ hotel
- ✗ un
- ✗ unos

El artículo indeterminado

	✗ **Masculino** ✗	✗ **Femenino** ✗
✗ **Singular** ✗	[1] _un_ hotel	[2]
✗ **Plural** ✗	[3]	[4]

✗ Los artículos indeterminados **un/una/unos/unas** sirven para hablar de un objeto o ser por primera vez o cuando no queremos especificar:

– *En mi ciudad hay **una calle** (**primera vez**) peatonal famosa. La calle (**segunda vez**) se llama Florida.*

– *En mi calle hay un cine.*

✗ A veces, cuando utilizamos **hay** con una palabra plural desaparece el artículo:

– *En mi calle hay (unos) restaurantes.*

| **2.1.** | Completa con el artículo adecuado.

1 En mi calle hay ☐ librería. ☐ librería está al fondo de la calle.

2 Aquí hay ☐ restaurante y ☐ cafetería. ☐ cafetería está al lado del hotel.

3 En la terraza hay ☐ chicos que toman café. ☐ chicos están hablando.

4 ☐ profesora explica la diferencia entre *el* y *un* porque hay ☐ alumnas que no entienden bien esta diferencia.

> | **3** | Leed el cuadro, observad los ejemplos y completad los espacios en blanco.

Hablar de la existencia de cosas y personas y su cantidad

✗ Para **hablar de la existencia** de algo o de alguien se usa la estructura:

[1] .... + artículo [2] .... + [3] ....

   – *En mi calle hay una farmacia y un quiosco de revistas.*   – *¿Hay una cafetería cerca?*

Recuerda que con los nombres en plural es frecuente eliminar el artículo:

● *¿Hay restaurantes japoneses en tu calle?*
○ *No, no hay restaurantes japoneses, solo hay restaurantes chinos e italianos.*

✗ Para **preguntar por la cantidad** de objetos o personas que existen, se usan los interrogativos *¿cuántos/*

[4] ....**?:** – *¿Cuántas farmacias hay en tu calle?*

Para **indicar** la **cantidad** de objetos o personas que existen, se usa la estructura:

[5] .... + numeral + nombre

   – *En mi calle hay **dos** farmacias.*

| **3.1.** | Elige una de las tarjetas que te va a dar tu profesor. Obsérvala detenidamente, luego, tápala y escribe todos los establecimientos que recuerdes que aparecen en ella. Compara con tu compañero y encontrad las diferencias que hay entre los dos dibujos.

   – *En mi calle hay...*

Intercultura

| **3.2.** | ¿Cómo es la calle más famosa de tu ciudad? ¿Qué establecimientos hay? Cuéntaselo al resto de la clase. A continuación, en grupos, elegid una ciudad de Hispanoamérica y buscad en Internet información sobre su calle más famosa. ¿Cómo es? ¿Qué hay?

≫ ¡BIENVENIDOS A LA REPÚBLICA DE MI CASA!

> | **1** | Nieves y Javi son una pareja joven que envía fotos de su casa a la revista *Mi casa*. Escribe las palabras del recuadro debajo de la foto correspondiente.

✗ cocina   ✗ dormitorio   ✗ estudio   ✗ terraza   ✗ cuarto de baño   ✗ salón

Un piso joven y contemporáneo

La casa de la lectora

Nieves y Javi

Nieves y Javi hicieron una reforma completa de este piso de 160 m² para dejarlo a su gusto. En él se mezclan los muebles de estilo colonial, aunque con una línea depurada, con otros más funcionales en baños y cocina.

comedor

> | **2** | Agrupad estas palabras según el lugar de la casa en donde creéis que se pueden encontrar.

- × sofá
- × lavadora
- × cama
- × lavabo

- × ducha
- × mesa
- × mesilla de noche
- × inodoro

- × fregadero
- × nevera o frigorífico
- × televisor

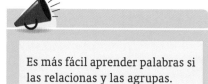

Es más fácil aprender palabras si las relacionas y las agrupas.

| **2.1.** | Ahora, colocad el léxico anterior en su lugar correspondiente.

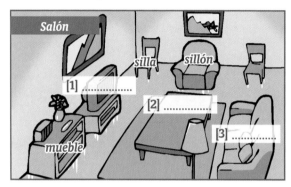

Salón

silla   sillón

[1] ....

[2] ....

[3] ....

mueble

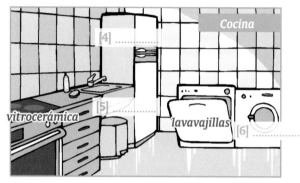

Cocina

[4] ....

vitrocerámica

[5] ....

lavavajillas

[6] ....

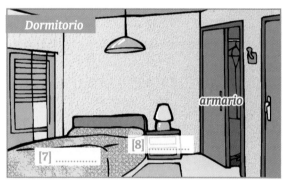

Dormitorio

armario

[7] ....

[8] ....

Cuarto de baño

[9] ....

espejo

bañera

[10] ....

[11] ....

| **2.2.** | Responded a esta pregunta y proponed dos objetos más al resto de la clase. Podéis usar el diccionario.

¿Qué habitación es mejor para colocar...

...un segundo televisor?

...un ordenador?

...una foto de boda?

...un microondas?

...una plancha?

...un recuerdo de España?

Ejemplo:
- Yo creo que la mejor habitación es...
- No, para mí es...

> | **3** | Nieves y Javi tienen un perro. Escucha con atención y relaciona las expresiones de localización con la imagen correspondiente.

Para preguntar por la situación de algo o de alguien se usa el interrogativo *¿dónde?*

1 delante de	**4** entre... y...	**7** encima de	**9** detrás de
2 al lado de	**5** a la izquierda de	**8** debajo de	**10** lejos de
3 cerca de	**6** a la derecha de		

A ☐

El perro está...

B ☐

El perro está...

C ☐

El perro está...

D ☐

El perro está...

E ☐

El perro está...

F ☐

El perro está...

G ☐

El perro está...

H ☐

El perro está...

I ☐

El perro está...

J ☐

El perro está...

Del y al

✗ En español solo hay dos artículos **contractos**:

• **De** + **el** ➜ **del**

— *El baño está a la derecha **del** estudio.*

• **A** + **el** ➜ **al**

— *Está **al** lado de la habitación.*

| **3.1.** | 👤 🌐 Tu profesor va a mostrar una ilustración de la habitación de Nicolás, el hijo de Nieves y Javi. Obsérvala y completa las frases con alguna de las expresiones de la actividad 3. Luego completa el cuadro del verbo *estar*.

1 La cama está .... de la habitación.

2 La mesa está .... de la habitación.

3 .... la cama está la ventana.

4 .... la puerta está la cama.

5 La silla está .... la mesa.

6 .... la mesa están los lápices y los cuadernos.

7 La mesilla de noche está .... la ventana .... la cama.

8 El póster de Pocoyó está .... la cama.

Presente de indicativo del verbo estar

Yo	**estoy**	Nosotros/as	**estamos**
Tú	**estás**	Vosotros/as	**estáis**
Él/ella/usted	[1]	Ellos/ellas/ustedes	[2] ....

✗ El verbo *estar* sirve para **situar** a las personas y a los objetos en el espacio:

— *En mi habitación hay un ordenador. El ordenador **está** a la derecha de la ventana, encima de la mesa de estudio.*

| **3.2.** | 🎲 💧 Coged un objeto personal y cambiadlo de lugar. Por turnos, decid dónde está ahora el objeto y volvedlo a cambiar de sitio.

| 3.3. | Vuelve a mirar las fotos de la actividad 1 y piensa en algún objeto que aparece en ellas. Tus compañeros deben adivinar de qué objeto se trata haciéndote preguntas. Tú solo puedes contestar sí o no.

Ejemplo:
- ¿Está en el baño?
- Sí.
- ¿Está al lado del lavabo?
- No.

> | 4 | Escribe un texto para describir tu casa. Di cuántas habitaciones tiene, cuáles son, qué hay en ellas y dónde están los objetos. Luego, preséntalo a la clase. ¿Qué casa os resulta más diferente a la vuestra? ¿Por qué?

¿Y TÚ? ¿DÓNDE VIVES?

> | 1 | Leed la información de los textos y completad las fichas que están debajo.

○○○

☐ Reportaje de la semana

¿Qué tipo de vivienda buscan los españoles?

Según un informe de **fotocasa.es**, la vivienda tipo que se busca en la actualidad en España corresponde a un piso con una superficie de aproximadamente 70 m², tres habitaciones, una cocina y un baño, dentro de la ciudad, por un precio máximo de 210 000 euros.

Adaptado de http://www.fotocasa.es

Casa en venta o alquiler, La Alameda Zona Norte de Buenos Aires

Tipología: barrios cerrados.
Lugar: Buenos Aires, Argentina.

Casa en venta o en alquiler tipo chalé en barrio cerrado, a las afueras de la ciudad. Esta propiedad a estrenar se ubica dentro de Nordelta La Alameda, en la zona norte de Buenos Aires, a 30 km del microcentro. La casa posee un terreno de 800 m² y 180 m² cubiertos. Cuenta con tres dormitorios, cocina americana, living, comedor, cochera, jardín con pileta y parrilla. La Alameda ofrece instalaciones deportivas y un entorno natural.

Adaptado de http://www.elinmobiliario.com/desarrollo/tipologia/barrios_cerrados/ubicacion/buenos_aires/

Fíjate

España		Argentina
salón	→	living
garaje	→	cochera
piscina	→	pileta
barbacoa	→	parrilla

España

Tipo de vivienda: [   ]
Habitaciones: [   ]
Metros cuadrados (m²): [   ]
Localización: *dentro de la ciudad*

Argentina

Tipo de vivienda: *casa tipo chalé*
Habitaciones: [   ]
Metros cuadrados (m²): [   ]
Localización: [   ]

| 1.1. | Elige la opción mejor, según tu experiencia de la actividad anterior.

1 Leer las fichas antes de leer los textos [ ] **me ayuda**/ [ ] **no me ayuda** a realizar la tarea.

2 [ ] **Es necesario**/ [ ] **No es necesario** comprender todas las palabras de los textos para realizar la tarea.

3 [ ] **Entiendo**/ [ ] **No entiendo** mejor si sé cosas sobre el tema.

4 [ ] **Es mejor**/ [ ] **No es mejor** buscar las palabras que no comprendo en el diccionario.

| 1.2. | Compartid vuestras respuestas y, si no estáis de acuerdo, justificad vuestras opiniones.

>| **2** | Intercambia con tus compañeros información sobre la vivienda en tu país. ¿Son muy diferentes? Si todos vivís en el mismo lugar, podéis comparar vuestro modelo de vivienda con los que aparecen en los artículos anteriores.

- En mi país la vivienda preferida es una casa/un piso/un apartamento...
- La gente mayoritariamente vive en el campo/la ciudad/el centro/los alrededores...
- Normalmente tiene...

>| **3** | Almudena vive en el barrio de Chueca en Madrid y está muy contenta con su piso y su barrio. Escucha y ordena las imágenes, según se mencionan en la audición.
| 12 |

| **3.1.** | Escucha otra vez y corrige el texto.
| 12 |

Vivo en un ático con una pequeña terraza. Solo tiene setenta y cinco metros cuadrados pero es muy bonito y yo estoy muy contenta de vivir aquí. **El ático está** lejos del centro, es un edificio nuevo y solo **hay un vecino** por planta. El barrio tiene mucho movimiento. En mi barrio **hay tiendas** de ropa y también **hay dos farmacias**, una pastelería y un hospital. **La parada del metro está** al lado del mercado de San Antón. **Los restaurantes y bares** más importantes **están en la plaza de Chueca**. En el barrio **hay un ambiente** muy intercultural porque se mezclan personas de diferentes provincias. ■

| **3.2.** | Fíjate en las frases en negrita del texto anterior y completa el cuadro con una de las siguientes formas verbales. A continuación, coloca las frases en el lugar adecuado. Trabaja con tu compañero.

✗ están   ✗ hay   ✗ está

Existencia y ubicación

✗ [1] ....

- Tiene una sola forma para singular y plural.
- Se usa para **hablar de la existencia** de algo o de alguien o de su cantidad.
- También sirve para referirse a una cosa o persona **desconocida**.
- Cuando el nombre es plural generalmente no lleva artículo:

[2] .... + *un/una* + nombre   [3] .... + nombre en plural

– ....

– ....

– ....

CONTINÚA »

x [4] .... + cuantificador plural + nombre plural

  — _____

x [5] ....

• Se usa para **localizar o situar** una cosa o a una persona en un lugar. La estructura es:

El/La + nombre en singular + [6] ....,........

  — _____   — _____

x [7] ....

• Se usa para **localizar o situar** varias cosas o a varias personas en un lugar. La estructura es:

Los/Las + nombre en plural + [8] ....

  — _____

> | **4** | 😀🌐 Observa las fotografías y relaciónalas con las frases correspondientes. Luego, completa el cuadro con las frases en el lugar adecuado.

1 Es muy alto.

2 Hay poc**as** person**as**.

3 Son muy pequeñas.

4 Hay much**o** ambient**e**.

5 Tiene much**os** banc**os**.

Mucho (muy)/poco

x **Mucho** y **poco** sirven para graduar la cantidad de objetos o personas de más a menos:

• Verbo + | mucho/a/os/as | + nombre
               poco/a/os/as

  — *En la calle hay mucho movimiento.*   — _____

  — _____   — _____

x **Muy** y **poco** sirven para graduar la intensidad de una cualidad de más a menos:

• Verbo + **muy/poco** + adjetivo

  — *El barrio es poco tranquilo.*

  — _____   — _____

| **4.1.** | 😀🌐 Construye frases como en el ejemplo.

1 En mi casa ... ✳		✳ muy	✳ mucho
2 La calle ...... ✳	✳ hay ✳	✳ poco	✳ mucha
3 El parque..... ✳	✳ tiene ✳	✳ poca	✳ muchos
4 En mi barrio.. ✳	✳ es ✳	✳ pocos	✳ muchas
5 Mi ciudad .... ✳		✳ pocas	

_____
_____
_____
En mi casa hay muchas plantas.
_____
_____

>| **5** | ¿Qué características tiene vuestra casa ideal? ¿Está en el centro de la ciudad o en los alrededores? ¿Cómo es el barrio donde está vuestra casa?

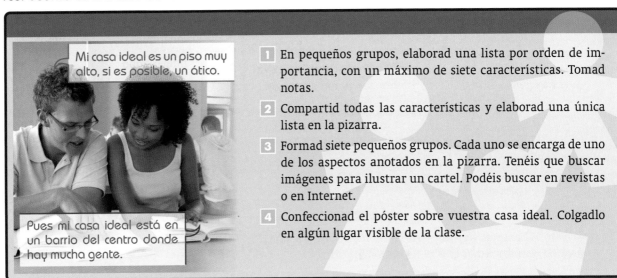

Mi casa ideal es un piso muy alto, si es posible, un ático.

Pues mi casa ideal está en un barrio del centro donde hay mucha gente.

1. En pequeños grupos, elaborad una lista por orden de importancia, con un máximo de siete características. Tomad notas.

2. Compartid todas las características y elaborad una única lista en la pizarra.

3. Formad siete pequeños grupos. Cada uno se encarga de uno de los aspectos anotados en la pizarra. Tenéis que buscar imágenes para ilustrar un cartel. Podéis buscar en revistas o en Internet.

4. Confeccionad el póster sobre vuestra casa ideal. Colgadlo en algún lugar visible de la clase.

>| **6** | Ahora vives en un barrio nuevo, escribe un e-mail a tus amigos describiendo cómo es tu barrio.

» VOCALES Y DIPTONGOS

>| **1** | | 13 | Escucha y repite.

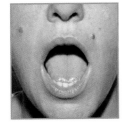 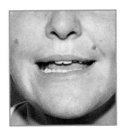 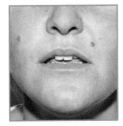 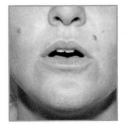 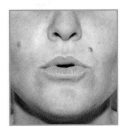

>| **2** | | 14 | Escucha y clasifica las palabras según la vocal que contienen.

A	E	I	O	U

>| **3** | | 15 | Escucha los siguientes ejemplos de palabras que contienen diptongos en español. Por parejas, intentad encontrar algunos más.

AI bailar	**AU** Aurora	**IA** magia	**UA** guapo	**UI** cuidar
EI peine	**EU** Europa	**IE** hielo	**UE** huevo	**IU** ciudad
OI oigo	**OU** estadounidense	**IO** Mario	**UO** monstruo	

| **3.1.** |  Lee el cuadro y, luego, escucha estos pares de palabras. ¿Se te ocurre alguno más? Anótalo.
| 16 |

La pronunciación de los diptongos

✗ Recuerda que siempre debes pronunciar las dos vocales que forman el diptongo. Si no, podría haber confusiones ya que hay palabras que solo se diferencian por el diptongo.

✗ vida/viuda   ✗ piano/pino

✗ huevo/hubo   ✗ luego/Lugo

✗ mido/miedo   ✗ lavo/labio

¿Qué he aprendido?

1 **Tacha el intruso y luego justifica tu elección.**

1 muy, poco, banco, mucha: ....

2 barrio, ciudad, a la izquierda, calle: ....

3 a la izquierda, muy, a la derecha, al lado de: ....

4 silla, baño, cocina, salón: ....

2 **Escribe:**

✗ dos palabras relacionadas con la ciudad: ....

✗ dos palabras que expresen cantidad: ....

✗ dos objetos que están en la cocina: ....

3 **Escribe tres palabras masculinas y tres femeninas con su artículo indeterminado correspondiente.**

Masculinas: ....

Femeninas: ....

4 **¿Qué verbos has aprendido en esta unidad?**

....

5 **Escribe *está/están/hay* según corresponda.**

1. En mi clase .... alumnos de todas las nacionalidades.

2. Las plantas .... en la terraza.

3. ¿Dónde .... Maribel?

4. ¿Cuántos dormitorios .... en tu casa?

6 **Busca diez palabras con un diptongo y escríbelas.**

....

7 **Para mejorar el aprendizaje del léxico, puedo...**

✗ ...elaborar listas de vocabulario y agrupar las palabras por conceptos.

✗ ...asociar las palabras a imágenes.

✗ ...aprender las palabras dentro de un contexto.

✗ ...escuchar más audiciones para identificar su pronunciación.

✗ ...repetir las palabras nuevas en voz alta.

✗ ...utilizar las palabras en una actividad o en una conversación.

Mi propuesta: ....

4 ¡QUÉ GUAPO!

Contenidos funcionales
- Hablar y preguntar sobre las relaciones personales.
- Pedir y dar información personal.
- Expresar posesión.
- Describir personas: descripción física, de carácter, vestimenta.

Contenidos gramaticales
- Adjetivos posesivos.
- Adjetivos de descripción física y de carácter.
- *Ser, tener, llevar.*

Tipos de texto y léxico
- Facebook.
- Texto periodístico.
- Léxico relacionado con la familia y las relaciones sociales.
- El aspecto físico, el carácter.
- La ropa.

El componente estratégico
- Mecanismos para atenuar el discurso.

Contenidos culturales
- La familia: concepto y estructura.
- Personajes famosos del mundo hispano: Jennifer López, Penélope Cruz, Shakira y Leo Messi.

Ortografía/Fonética
- Contraste /g/, /x/ y /k/.
- Las grafías g/j.

» EN FAMILIA

> | 1 | Daniela viaja mucho y tiene amigos por todo el mundo. Para presentar a su familia, cuelga sus fotos en Facebook. Relacionad cada foto con su comentario.

A Mi **hermano** Juan Carlos. Él ahora vive en Medellín.

B Mi hermano mayor Jairo y su **pareja** Liliana.

C Mis **padres**, María Eugenia y Manuel.

D Es mi **hermana** Yesenia y su **marido** Luis Fernando con su **hija** Claudia.

E Es mi **prima** Carolina y su novio, David.

F Él es Alexander, el **hijo** de la pareja de Jairo.

G Mis **abuelos**, María y Ricardo.

H Ella es mi mejor **amiga**, Andrea.

I Ellos son mis **compañeros de trabajo**, Alejandro y Patricia.

| 1.1. | A continuación, Daniela comenta las fotos de su familia por orden de aparición. Escúchala y comprueba las respuestas anteriores.
| 17 |

| **1.2.** | Con toda la información que conocéis de Daniela, completad el siguiente esquema de relaciones. Pedid a vuestro profesor la transcripción del ejercicio anterior.

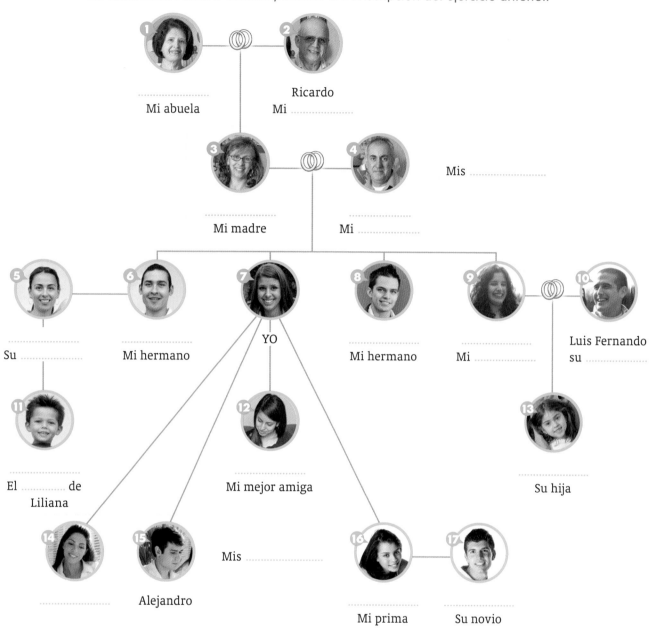

Mi abuela

Ricardo
Mi ....

Mis ....

Mi madre

Mi ....

Su ....

Mi hermano

YO

Mi hermano

Mi ....

Luis Fernando
su ....

El .... de
Liliana

Mi mejor amiga

Su hija

Mis ....

Alejandro

Mi prima

Su novio

| **1.3.** | Leed el comentario que hacen Daniela y sus hermanos sobre sus abuelos. Comprobad si la información de los cuadros de la página siguiente es la correcta y corregidla en caso necesario.

Facebook

Anterior Siguiente Agregar Recargar

Dirección: http://www.facebook.com

facebook   Buscar   Daniela | Inicio | ▼

Muro
Información
Fotos (236)
Notas

Nuestra foto favorita es la de nuestros abuelos, María y Ricardo, en el jardín. Son los padres de nuestra madre. María tiene sesenta y cinco años y Ricardo sesenta y seis. Nuestro abuelo es español, de un pueblo de Orense y nuestra abuela es colombiana, de Medellín, pero los dos viven en Bogotá desde hace más de sesenta años. Son alegres, simpáticos y muy cariñosos. ■

Me gusta · Comentar · Compatir · Hace 45 minutos .

> **María**

- ✗ Es la madre de la madre de Silvia.
- ✗ Es de Bogotá.
- ✗ Tiene ochenta y cinco años.
- ✗ Vive en Orense.

> **Ricardo**

- ✗ Es el padre del padre de Silvia.
- ✗ Es de Medellín.
- ✗ Tiene sesenta y cuatro años.
- ✗ Vive en Bogotá.

| **1.4.** | Piensa en una foto en la que estás con un familiar o un amigo. ¿Cómo se llama? ¿De dónde es? ¿Cuántos años tiene? ¿Dónde vive? Con la información, escribe un pequeño texto siguiendo el modelo del ejercicio anterior.

> | **2** | ¿A quién se refieren las palabras en negrita? Relaciona las columnas y encontrarás la respuesta.

1. **Sus** hermanos viven en Costa Rica. ....✳
2. **Mi** hermana se llama Ana. ....✳
3. **Tu** padre es español. ....✳
4. **Nuestro** abuelo es muy simpático. ...✳
5. **Vuestra** nieta tiene diez años. ....✳

✳ **a.** tú
✳ **b.** nosotros/nosotras
✳ **c.** él/ella
✳ **d.** yo
✳ **e.** vosotros/vosotras

| **2.1.** | Lee el siguiente cuadro sobre los adjetivos posesivos y completa los espacios en blanco con el adjetivo correspondiente del ejercicio anterior.

Adjetivos posesivos (adjetivo + nombre)

	✗ Nombre de objeto o persona en **singular** ✗	✗ Nombre de objeto o persona en **plural** ✗	
Yo	[1] .... padre	**Mis**	padres
Tú	[2] .... madre	**Tus**	hermanos/as
Él/ella/usted	**Su** hijo/a	**Sus**	hijos/as
Nosotros/as	[3] ..../**nuestra** hijo/a	**Nuestros/as**	hijos/as
Vosotros/as	**Vuestro**/[4] .... hermano/a	**Vuestros/as**	hermanos/as
Ellos/ellas/ustedes	**Su** amigo/a	[5]	amigos/as

✗ Los adjetivos posesivos concuerdan en género y número con el nombre que expresa lo poseído y no con la persona poseedora:

Poseedor	Poseído
Yo	— *Mis hermanos viven en Medellín.*

| **2.2.** | Observad las fotos, y descubrid la relación de parentesco que une a estas personas; para ello, seleccionad cuatro palabras del recuadro y escribidlas en el lugar adecuado con su adjetivo posesivo.

× hermana   × nieta   × primos   × tía   × hijo   × tío   × sobrino

1

La sobrina   ....

2

La prima   ....

3

La madre   ....

4

La abuela   El abuelo   Su ....

- Mi **tío/a** es el hermano o la hermana de mi padre/madre.
- Mi **sobrino/a** es el hijo o la hija de mi hermano/a.

- Mi **primo/a** es el hijo o la hija del hermano o de la hermana de mi padre/madre.

| **2.3.** | Háblale a tu compañero de tu familia: de tus padres, tus hermanos, tus primos... ¡Puedes traer fotos y enseñárselas! Ahora que tu compañero ya conoce a tu familia, pídele que dibuje tu esquema de relaciones.

FAMOSOS Y FAMILIA

| Cultura |

> | 1 | ¿Conocéis a Jennifer López? Completad la ficha.

Nacionalidad: ....   Estado civil: ....
Profesión: ....   ¿Tiene hijos? ....

| **1.1.** | | 18 | Thiago es de Puerto Rico y es fanático de Jennifer López. Ha participado en un concurso de radio sobre personajes famosos. Escucha lo que dice, comprueba si las respuestas anteriores son correctas y corrígelas si es necesario.

| **1.2.** | | 18 | Escucha de nuevo y completa la información que falta sobre Jennifer López.

Datos personales	Información familiar	Información personal
Nombre: *Jennifer Lynn López*	Padres: *David y Guadalupe*	Último exmarido: ....
Alias:	Origen:	Origen: *Puerto Rico*
Origen:	Profesión: *David es programador de computadora y Guadalupe...*	Profesión: ....
Profesión: *actriz,*		Número de hijos: ....
....	Hermanas: *Lynda,*	
Lugar de residencia:	Profesión: *Lynda es DJ,*	

> **2** 🧑‍🤝‍🧑📖 Seguimos conociendo a más personajes famosos. Cada estudiante debe escoger una de las dos fichas: A o B. Contienen las biografías de Penélope Cruz y Shakira, respectivamente; leedlas con atención y anotad en vuestros cuadernos la información que creáis más relevante.

FICHA A

Penélope Cruz Sánchez, conocida entre sus familiares y amigos como Pe, nació el 28 de abril de 1974 en Madrid. Su madre, Encarna, es peluquera y su padre, Eduardo, es comercial. Penélope tiene una hermana y un hermano que también se dedican al mundo del espectáculo; su hermana, Mónica, es bailarina y actriz, y su hermano, Eduardo, es cantante y músico.

Penélope debuta como actriz en el cine con la película *El laberinto griego* (1991) y años más tarde es protagonista de numerosas y exitosas películas en España y en el extranjero: *Abre tus ojos*, *Lluvia en los zapatos*, *All the Pretty Horses*, *La mandolina del capitán Corelli*, *Elegy*, *Volver*…

Entre otros premios, ha ganado tres premios Goya del cine español, y un óscar en 2008 por su papel en *Vicky Cristina Barcelona*, de Woody Allen.

Penélope **está casada con** el actor Javier Bardem y tienen un hijo que se llama Leo. ■

FICHA B

Shakira Isabel Mebarak Ripoll nació el 2 de febrero de 1977 en Barranquilla, Colombia. Su nombre Shakira, significa "Diosa de la luz" en hindú y "Mujer llena de gracia" en árabe. Es la única hija de William (estadounidense de origen libanés) y Nidia del Carmen (colombiana de origen italiano y español). Tiene siete hermanos mayores por parte de su padre: Lucy, Edgard, Alberto, Tonino, Moisés, Robin y Patricia. Su hermano Tonino es su representante.

Además de cantante, Shakira es compositora, productora discográfica, bailarina y actriz. Como actriz, ha participado en diversas series: *El Oasis*, *Siete vidas* o *Betty, la fea*.

Su primer álbum se titula *Magia*, del año 1991. Años después se publican sus discos más famosos: *Pies descalzos*, *¿Dónde están los ladrones?*, *Servicio de lavandería*, *Fijación oral*, *Loba*…

En el año 2010, su canción "Waka Waka" es el himno del Mundial de Fútbol celebrado en Sudáfrica. Shakira **no está casada** y **no tiene hijos.** ■

2.1. 🧑‍🤝‍🧑🗣️ Ahora vas a conocer al personaje famoso de tu compañero. Pregúntale por su edad, su familia (padres y hermanos), su profesión, estado civil, hijos... El siguiente cuadro te ayudará a formular y responder las preguntas.

Pedir y dar información personal

✗ Para **pedir** información personal:

- **¿Estás** + estado civil?

  – ¿Estás casado?   – ¿Estás soltera?

- **¿Tienes** + nombre masculino plural?

  – ¿Tienes hijos?   – ¿Tienes hermanos?

- **¿Cuántos** + nombre masculino plural + **tienes**?

  – ¿Cuántos hijos tienes?

✗ Para **dar** información personal:

- **Sí,/No, no** + **estoy** + estado civil

  – Sí, estoy casado (con Marta).

  – No, no estoy soltera, estoy divorciada (de Luis).

  – No, no estoy casado, pero tengo novia.

- **Sí,/No, no** + **tengo** + nombre masculino plural

  – Sí, tengo dos hijos, un niño y una niña.

  – No, no tengo hermanos, soy hija única.

2.2. 🧑‍🤝‍🧑🗣️ Escoged a un personaje famoso de origen hispano y escribid una ficha. Seguid los modelos de la actividad 2. Podéis completar su biografía buscando información en libros, revistas o Internet.

2.3. 🧑‍🤝‍🧑🗣️ Ahora que ya habéis elaborado su biografía, presentad a vuestro personaje al resto de la clase.

Intercultura

> **1**  ¿Quién es uno de los mejores jugadores de fútbol del mundo? Lee la presentación de su página personal y lo descubrirás.

El blog de Lionel Messi

http://www.elblogdemessi.blog.net

Archivos **Abril** Marzo Febrero Enero

El Blog de Lionel Messi

Sobre mí
16 de abril

Me llamo Lionel Andrés Messi y nací un 24 de junio del año 1987 al sur de Rosario, en la provincia de Santa Fe, Argentina. Actualmente juego como delantero derecho en el Fútbol Club Barcelona y también en la selección de mi país, Argentina.

Perfil personal
4 de abril

Lionel Messi es un jugador diferente, muy creativo. Es ba**jito**, 1,69 m, moreno y delgado. Tiene los ojos negros y lleva el pelo largo. Es simpático, agradable y **un poco** tímido.

Mi perfil

En español cuando describimos a una persona y utilizamos un adjetivo que culturalmente puede ser negativo, solemos usar diminutivos, la expresión **un poco** o los dos recursos:
– Es gordo ➜ Es gord**ito**. / Es **un poco** gordo. / Es **un poco** gord**ito**.   **¿Cómo es en tu lengua?**

1.1. Subraya en el texto todas las frases que describan su aspecto físico y su carácter y clasifícalas.

Aspecto físico ⟩ ....   Carácter ⟩ ....

1.2. Vuestro profesor os va a dar una ficha con léxico sobre el aspecto físico. Seguid sus instrucciones.

1.3. Estas personas se han inscrito en la página *www.7citas7.com* para conocer gente. Completa su perfil con las palabras del recuadro.

✕ largo	✕ castaño	✕ bajita	✕ pelirrojo	✕ gafas
✕ claros	✕ moreno	✕ bigote	✕ barba	✕ delgada

La web de 7citas7

http://www.7citas7.com

 ❶ *Hola, me llamo Antonia: soy alta y [1] ...., tengo los ojos [2] .... Soy rubia y tengo el pelo [3] .... y rizado.*

❸ *Me llamo Marta, soy de Madrid, soy un poco [7] .... Tengo el pelo [8] .... Siempre llevo [9] .... de colores.*

❷ *Soy Jorge, tengo 35 años. Soy [4] ...., tengo el pelo corto, llevo [5] .... y [6] ....*

❹ *Hola a todos, soy Marc. Soy [10] .... y llevo el pelo muy corto. Soy alto, tengo gafas y los ojos celestes.*

| **1.4.** | 🌐 🔄 Volved a leer las frases sobre Messi que habéis anotado en la actividad 1.1. y los textos anteriores y completad el cuadro.

Describir el aspecto físico

x Para **describir las características físicas** de una persona usamos:

- **Ser** + [1] ....

  – ....
  – ....
  – ....

- [2] ..../.................... + nombre + adjetivo:

  – ....
  – ....
  – ....

Presente de indicativo del verbo **llevar**	
Yo	llev**o**
Tú	llev**as**
Él/ella/usted	llev**a**
Nosotros/as	llev**amos**
Vosotros/as	llev**áis**
Ellos/ellas/ustedes	llev**an**

x Con el verbo **llevar** indicamos características naturales que cambian o elementos accesorios:

– *Soy morena pero **llevo** el pelo rubio.*   – ....
– ....   – ....

| **1.5.** | 🌐 🔄 ¿Qué significan estas palabras? Preguntad al profesor o usad el diccionario. Luego, clasificad la primera de cada pareja según sea positiva o negativa.

		Positiva	Negativa
1	simpátic**o/a** ≠ antipátic**o/a**	☐	☐
2	tranquil**o/a** ≠ nervios**o/a**	☐	☐
3	abiert**o/a** ≠ cerrad**o/a**	☐	☐
4	torpe ≠ inteligente	☐	☐

		Positiva	Negativa
5	aburrid**o/a** ≠ interesante	☐	☐
6	sincer**o/a** ≠ mentiros**o/a**	☐	☐
7	vag**o/a** ≠ trabajad**or/ora**	☐	☐
8	tacañ**o/a** ≠ generos**o/a**	☐	☐

Describir el carácter

x Para hablar del **carácter** de una persona usamos el verbo *ser*:
 – **Es** un chico muy simpático.

x Para hablar de **aspectos negativos** también se usa **un poco**:
 – *María es buena persona pero **un poco** tacaña.*

>| **2** | 👤 🔄 Piensa en una persona de la clase, escribe su perfil personal como en la actividad 1. Incluye características físicas y de carácter.

| **2.1.** | 👥 🔄 Lee el perfil que has escrito en voz alta sin decir el nombre de la persona. Tus compañeros deben adivinar de quién se trata.

>| **3** | 👥 🔄 ¿A qué famosos se parecen tus compañeros de clase? Decidid a quién se parece cada uno y justificad vuestra respuesta.

>| 1 | 👤📖 Lee el siguiente decálogo de un blog en Internet sobre la mejor ropa para una mujer empresaria. Relaciona las imágenes con su frase.

El blog de moda

http://www.elblogdemoda.blog.net

El blog de moda 🌙

Archivos   Julio   Junio   Mayo   Abril

B   C   D   E   F   G

H   I   J

A

Publicar un comentario en la entrada

Las diez prendas de ropa favorita de una mujer empresaria.

1 Una camisa blanca.
2 Un pantalón negro.
3 Un traje de chaqueta pantalón en gris.
4 Una falda recta oscura.
5 Una gabardina marrón, es la prenda protectora por excelencia.

6 Un jersey de tonos claros.
7 Un par de zapatos negros de tacón.
8 Unas zapatillas claras, planas y clásicas.
9 Un vestido azul oscuro.
10 Un collar de perlas, o un broche bonito.

| 1.1. | 🧑‍🤝‍🧑 📖 Buscad el significado de las siguientes palabras referidas a prendas de ropa en el diccionario. Luego, escribid las palabras en el lugar correspondiente de las fotografías.

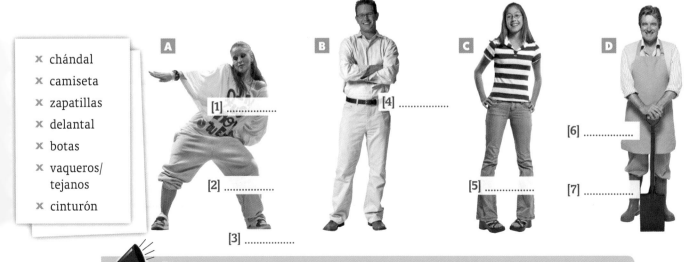

- ✗ chándal
- ✗ camiseta
- ✗ zapatillas
- ✗ delantal
- ✗ botas
- ✗ vaqueros/ tejanos
- ✗ cinturón

A

[1] ....

[2] ....

[3] ....

B

[4] ....

C

[5] ....

D

[6] ....

[7] ....

📢 **Fíjate**

España	➜ Argentina
falda	pollera
jersey	pulóver

España: *camiseta* ➜ Argentina y Uruguay: *remera* ➜ México: *playera* ➜ Venezuela: *franela* ➜ Chile y Bolivia: *polera*.

| **1.2.** | Describid la ropa que llevan las personas de las fotografías anteriores, ¿a qué creéis que se dedican?

Describir la ropa

> x Para describir **la ropa** de una persona utilizamos el verbo **llevar**:
> – *Juan **lleva** unos pantalones vaqueros y una camiseta blanca.*

| **1.3.** | Escuchad y comprobad vuestras hipótesis anteriores.
| 19|

>| **2** | Pensad en una persona y la ropa que lleva. Describídsela a vuestro compañero. Él tiene que dibujar vuestra descripción. Enseñaos los dibujos. ¿Coinciden con lo que habéis pensado? Si no es así, daos instrucciones para rectificar el dibujo.

>| **3** | Dividid la clase en grupos de tres y elegid un perfil: un viajero, un estudiante de español, un motorista, un rapero..., y cread un cartel con recortes de revistas u otras imágenes proponiendo un decálogo de ropa para ese perfil. Podéis seguir el modelo del blog de moda de la actividad 1.

| **3.1.** | Presentad vuestro cartel a la clase, justificando vuestra elección. Y tú, ¿con qué perfil te identificas más? ¿Cuáles son tus prendas de vestir favoritas?

>| **4** | Fijaos en las fotos e imaginad el carácter de estas personas. Justificad vuestras respuestas.

Expresar la opinión

Para dar tu opinión puedes usar *creo que/me parece que*:

– ***Creo que*** *es una persona amable y tímida porque lleva ropa discreta y sonríe.*

| Sensaciones |

>| **5** | Busca, crea o dibuja la imagen de una persona que represente a tu español y descríbelo. ¿Cómo es? ¿Qué personalidad tiene?

> Ejemplos: - **Mi español** es un poco **delgado**, no tengo mucho vocabulario.
> - Es muy **joven** y **divertido**, estudio hace un mes.

≫ (LOS SONIDOS /g/, /x/, /k/ Y LAS LETRAS *g/j*

>| **1** | Escucha y repite las siguientes palabras.
| 20|

>| **2** | Aquí tienes una serie de pares mínimos, parejas de palabras que son iguales excepto por un sonido. Marca, en cada par, cuál de ellas escuchas primero.
| 21|

○ casa / ○ gasa	○ goma / ○ coma	○ gato / ○ cato
○ mago / ○ majo	○ lijar / ○ ligar	○ cota / ○ jota
○ coco / ○ cojo	○ rasgar / ○ rascar	○ miga / ○ mica

> **3** 🔊 Escucha la pronunciación de estas palabras.

| 22 |

abj Las letras G/J

✗ SONIDO /x/	✗ SONIDO /g/
• **g** + e, i: *gente, girasol*	• **g** + a, o, u: *galleta, gordo, guapo*
• **j** + a, ,e, i, o, u: *jamón, jefe, jirafa, joven, jueves*	• **gu** + e, i: *Miguel, guitarra*

| **3.1.** | 👤 💿 Completa las siguientes palabras con g, gu o j. Luego, búscalas en el diccionario para comprobar si están bien escritas.

1 ca☐ón	**4** ☐ema	**7** ☐untos	**10** traba☐o	**13** ☐errero	**16** ☐afas	**19** ☐ersey
2 o☐o	**5** ☐irasol	**8** mon☐a	**11** ☐ato	**14** á☐ila	**17** ☐ía	**20** abri☐o
3 má☐ico	**6** co☐e	**9** ima☐en	**12** ☐orro	**15** ☐usano	**18** ☐azpacho	**21** a☐ua

¿Qué he aprendido?

1 ¿Cómo se dice…?

1. El padre de mi padre: ....
2. La madre de mi padre: ....
3. La hermana de mi madre: ....
4. El hijo de mi tío: ....
5. El hijo de mi hija: ....
6. El hijo de mi madre: ....

2 Tacha lo que no corresponda. Para describir a una persona usamos:

- ✗ *ser* + nombre
- ✗ *ser* + adjetivo
- ✗ *tener* + adjetivo
- ✗ *llevar* + nombre + adjetivo
- ✗ *llevar* + prenda de vestir
- ✗ *tener* + nombre + adjetivo

Pon un ejemplo de cada uso: ....
....

3 🔊 Escucha las siguientes palabras y clasifícalas. A continuación, añade dos palabras más a cada categoría.

| 23 |

Descripción física	*Descripción de carácter*	*Ropa*

4 En las audiciones…

		Sí	Bastante	Un poco
1	…intento entender todas las palabras.	○	○	○
2	…primero, leo las instrucciones del ejercicio y escucho la audición. No intento entender todas las palabras, solo lo que me pide el ejercicio.	○	○	○
3	…escucho, como mínimo, dos veces. La primera audición es para entender el sentido general y la segunda, para resolver el ejercicio.	○	○	○
4	…a veces hablan un poco rápido pero es importante escucharlas así.	○	○	○

5 Completa según tu opinión.

En esta unidad ya puedo…	Sí	Bastante	Un poco
1 …describir a una persona y a mí mismo.	○	○	○
2 …hablar de mi familia y preguntar por las relaciones sociales de mis compañeros.	○	○	○

5 ¿DÓNDE VAMOS?

Contenidos funcionales
- Expresar necesidades, deseos y preferencias.
- Preguntar/decir el precio de algo.
- Agradecer/responder al agradecimiento.
- Pedir/dar información espacial.
- Pedir/dar instrucciones para traslados en medios de transporte.

Contenidos gramaticales
- Verbo *ir*.
- Verbos *necesitar, querer, preferir* + infinitivo/nombre.
- Preposiciones *a* y *en* con verbos de movimiento.

Tipos de texto y léxico
- Formulario para abonarse a un medio de transporte.
- Folleto turístico.
- Ficha informativa.
- Medios de transporte.
- Léxico relacionado con las direcciones.
- Léxico relacionado con los viajes.
- *Mejor/peor*.

El componente estratégico
- Recursos para extraer la información relevante de un texto buscando las palabras clave.
- Recursos para entender información concreta de un texto sin utilizar el diccionario: por contexto, por similitud con la propia lengua, etc.

Contenidos culturales
- Los medios de transporte en dos ciudades hispanas: Barcelona y México D.F.
- Viajes a Málaga, San Sebastián y Cabo de Gata.
- Santiago de Chile: plano y direcciones.

Ortografía/Fonética
- La entonación interrogativa y enunciativa.
- Diferencias fonéticas y ortográficas de *porque/por qué*.

≫ PERDIDO EN BARCELONA

> | **1** | 👥 📖 Juan Carlos es un médico de Chile que está en Barcelona para trabajar en un hospital. Necesita llegar a su hotel y no conoce la ciudad. Lee los diálogos, relaciónalos con las imágenes y ordénalos.

Diálogo 1
- 🔴 *¡Muchas gracias por tu ayuda! ¡Adiós!*
- 🟡 *¡De nada! ¡Adiós!*

Diálogo 2
- 🟡 *Mira, aquí es. **Coge la línea roja**, dirección Hospital de Bellvitge. Son cuatro paradas.*
- 🔴 *¿**Sabes cuánto cuesta** el billete?*
- 🟡 ***El billete sencillo son dos euros**, pero si vas a hacer más viajes, lo mejor es comprar el T-10, **cuesta nueve euros con veinticinco** y puedes hacer diez viajes.*

Diálogo 3
- 🔴 *Perdón, ¿**cómo puedo ir** desde aquí a Plaza de España? ¿Está muy lejos?*
- 🟡 *No, no está lejos; pero **lo mejor es coger el metro** aquí, en Plaza Cataluña.*

A

B

C

| **1.1.** | 👥 🔊 Ahora, escucha y comprueba si el orden es correcto.

| 24 |

| **1.2.** | Escoged a vuestra pareja de trabajo, leed de nuevo los diálogos anteriores y clasificad las expresiones en negrita en el lugar donde corresponda.

Pedir y dar información

✗ Pedir/dar **instrucciones** para traslados en medios de transporte:
- [1] ....
- [2] ....
- [3] ....

✗ Preguntar/decir **el precio** de algo:
- [4] ....
- [5] ....
- [6] ....

✗ **Agradecer**/responder al agradecimiento:
- [7] ....
- [8] ....

| **1.3.** | Relacionad los nombres con las fotografías. ¿Puedes pensar en otros medios de transporte que conozcas?

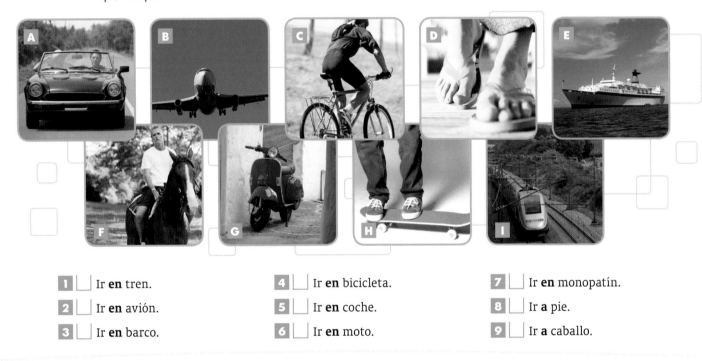

| **1** | Ir **en** tren. | **4** | Ir **en** bicicleta. | **7** | Ir **en** monopatín. |

| **2** | Ir **en** avión. | **5** | Ir **en** coche. | **8** | Ir **a** pie. |

| **3** | Ir **en** barco. | **6** | Ir **en** moto. | **9** | Ir **a** caballo. |

| **1.4.** | ¿Cómo vas tú a los siguientes lugares? ¿Utilizas los medios de transporte o vas a pie? Completa el cuadro.

Para hablar del medio de transporte

● ¿Cómo **vas a** + lugar?
● Voy **en** metro/autobús/coche... /**a** pie.

Escuela	Trabajo	Cine o locales de ocio	Casa de tus amigos	Lugar de vacaciones
Yo...				

| **1.5.** | Ahora pregunta a tus compañeros de clase cómo se desplazan ellos y anota sus respuestas en tu cuaderno.

| **1.6.** | Poned en común los resultados. ¿Cuál es el medio de transporte más utilizado por los miembros de la clase?

[>]| **2** | Lee este cuadro de reflexión y complétalo. Luego, escribe tus propios ejemplos.

Usos del verbo *ir*

✗ El verbo *ir* + la preposición [1] .... se usa para expresar la **dirección**:

– _____

✗ El verbo *ir* + la preposición [2] .... se usa para expresar el **medio de transporte**, excepto: [3] .... *caballo/pie*:

– _____

– _____

– _____

Presente de indicativo del verbo *ir*	
Yo	**voy**
Tú	**vas**
Él/ella/usted	**va**
Nosotros/as	**vamos**
Vosotros/as	**vais**
Ellos/ellas/ustedes	**van**

| **2.1.** | Mirad la siguiente lista de adjetivos. Todos pueden relacionarse con medios de transporte. Buscad en el diccionario los significados que no conocéis y luego clasificadlos en positivos (+) o negativos (–).

➕ ➖		➕ ➖		➕ ➖		➕ ➖
1 ecológico ..... ✗ ◯	**5** caro .... ◯ ◯	**9** práctico .... ◯ ◯	**13** económico ..... ◯ ◯
2 rápido......... ◯ ◯	**6** peligroso ..... ◯ ◯	**10** interesante .... ◯ ◯	**14** puntual .... ◯ ◯
3 lento......... ◯ ◯	**7** divertido ..... ◯ ◯	**11** seguro .... ◯ ◯	**15** contaminante.. ◯ ◯
4 limpio......... ◯ ◯	**8** cansado....... ◯ ◯	**12** cómodo........ ◯ ◯	**16** barato .... ◯ ◯

| **2.2.** | Hablad con vuestros compañeros de las ventajas e inconvenientes de los medios de transporte. Para ti, ¿cuál es el mejor medio de transporte? ¿Y el peor? ¿Por qué?

> **Mejor/peor**

Mejor = más bueno / Peor = más malo

● *El avión es rápido, cómodo y seguro. El avión es* **el mejor** *medio de transporte.*

● *Pues para mí, es* **el peor** *medio de transporte. Es peligroso, caro y contaminante.*

≫ VIAJANDO POR LA GRAN CIUDAD

[>]| **1** | Juan Carlos es de Santiago de Chile y Ana de Madrid, y desde hace unas semanas viven en Barcelona y México D.F., respectivamente. Observa las fotos, lee los correos que se escriben, elige las dos imágenes de los transportes que se mencionan y la ciudad a la que pertenecen.

A _____

B _____

C _____

D _____

¡Ya estoy en México D.F.!

ENVIAR · DE: anasuarez@spmail.com · PARA: juancarlosdiaz@spmail.com

Hola, Juan Carlos. ¿Cómo estás?

Yo, muy contenta en México D.F. Es una ciudad muy bonita y muy grande. Vivo muy lejos de mi trabajo y todos los días cojo varios autobuses.

Aquí hay muchos medios de transporte: el metro, el tren ligero, el metrobús, el trolebús, el microbús, los camiones y el ecobús, un transporte menos contaminante.

Pero lo más extraño para mí son unos autobuses rosas, solo para mujeres. Mis compañeros de trabajo me dicen que pertenecen al "Programa Atenea", y son gratis para las mujeres embarazadas y las de la tercera edad. ¡Qué curioso!, ¿verdad?

¿Y tú? ¿Qué tal en Barcelona?, ¿y en el hospital?

Escríbeme pronto y cuéntame cosas de tu vida allí.

Un abrazo, Ana

¡Saludos desde Barcelona!

ENVIAR · DE: juancarlosdiaz@spmail.com · PARA: anasuarez@spmail.com

¡Hola, Ana!

¡Qué curioso el Programa Atenea! Aquí en Barcelona no hay nada similar y creo que en el resto de España tampoco...

¿Sabes cómo voy al hospital? ¡No te lo imaginas! Voy en bicicleta... En Barcelona no tenemos ecobús, pero sí tenemos Bicing, es un medio de transporte público que permite ir por la ciudad en bicicleta. ¡Es genial! No contamina y además es bastante económico. Hay muchas estaciones Bicing por toda la ciudad, la mayoría está muy cerca de las estaciones del metro, de tren y de los aparcamientos públicos.

Increíble, ¿no? ¡Yo practicando deporte! ☺

Bueno, Ana, me despido ya, que me voy al hospital.

¡Escríbeme pronto!

Un beso, Juan Carlos

| **1.1.** | Lee de nuevo los correos, subraya las palabras clave e intenta comprender su significado por el contexto, por similitud con tu propia lengua u otros idiomas que estudias, por similitud con palabras que ya conoces y que forman una familia (*aparcar* ➜ *aparcamiento*), etc.

Palabra clave

Es la palabra imprescindible para comprender una frase o un párrafo.

| **1.2.** | Lee las siguientes afirmaciones y di a qué ciudad pertenecen, según la información que acabas de leer.

Ciudad...

1 El ecobús es uno de los transportes menos contaminantes de la ciudad. . . . . . .

2 No existe el Programa Atenea ni nada similar. . . . .

3 Hay muchas estaciones de Bicing por toda la ciudad. . . . .

4 Hay autobuses solo para mujeres. . . . .

| **1.3.** | Ahora vuelve a leer los dos correos. ¿Hay alguna palabra clave que todavía no entiendes? Si es así, puedes consultarla en el diccionario.

> **2** | Juan Carlos quiere solicitar la tarjeta Bicing y va a pedir información. Ordena el diálogo.

A
● Sí, claro, es muy fácil. Usted entra en la página web de Bicing y rellena el formulario.
● ¿Cuál es la página web?
● Es www.bicing.cat.

B
● Hola, buenos días.
● Buenos días, dígame.
● Mire, necesito información sobre la tarjeta Bicing.

C
● ¿En la página web me informan también sobre las tarifas?
● Sí, le informan de todo. La tarifa es anual y cuesta 29,66 euros.
● ¿Y cómo se paga: en efectivo o con tarjeta de crédito?
● Con tarjeta de crédito.
● Ahora mismo voy a solicitar la tarjeta. Muchas gracias por la información.
● De nada.

D
● ¿Qué datos necesito para el formulario?
● Pues, sus datos personales: nombre y apellidos, dirección actual... Es muy sencillo, usted solo debe seguir las indicaciones...

1 ☐   **3** ☐

2 ☐   **4** ☐

| **2.1.** | Escucha y comprueba.
| 25 |

| 2.2. | 🌐 ✏️ Con tu compañero, ayuda a Juan Carlos a rellenar el formulario. Leed los datos y escribidlos en la casilla correspondiente.

- ✖ médico
- ✖ hombre
- ✖ 05/06/1974
- ✖ 93.221.31.29
- ✖ c/ Urgell, 25
- ✖ 37654764D
- ✖ 08014
- ✖ España
- ✖ Díaz Sepúlveda
- ✖ Jc1974dZ
- ✖ Juan Carlos
- ✖ Jcarlos
- ✖ Barcelona
- ✖ juancarlosdiaz@spmail.com

○○○   www.bicing.cat

bicing Formulario de registro

Nombre de usuario   Nombre   Apellidos

Contraseña   Sexo   DNI/NIE   Teléfono de contacto

                    Hombre

Repita contraseña   Fecha de nacimiento   Profesión

                           __ / __ / __

Dirección   Código postal

Ciudad   País   E-mail

📣

- ✖ El DNI es el documento nacional de identidad.
- ✖ El NIE es el número de identidad extranjero para las personas de otro país con permiso de residencia en España.

|Intercultura|

>| **3** | 🌐 🌍 ¿Existe en vuestras ciudades algún medio transporte similar? Pensad en la oferta de medios de transporte que hay y explica cómo funcionan. ¿Cuáles podrías recomendarle a un turista?

≫ **¡LLEGAN LAS VACACIONES!**

>| **1** | 👤 🔊 La próxima semana empiezan las vacaciones para Elena y Fran; todavía no han decidido un
|261| destino, pero tienen claras sus preferencias. Escucha el diálogo y selecciona las actividades que quiere hacer cada uno.

Fran   *Elena*

○ .... **1** practicar submarinismo .... ○
○ .... **2** ir a conciertos .... ○
○ .... **3** salir de noche .... ○
○ .... **4** pasear por las calles .... ○
○ .... **5** conocer a mucha gente .... ○
○ .... **6** ver un parque natural .... ○
○ .... **7** estar en contacto con la naturaleza ... ○
○ .... **8** ir a la playa .... ○
○ .... **9** visitar museos .... ○

1.1.  A continuación, os presentamos tres folletos turísticos de tres destinos diferentes en España. Leedlos con atención, observad las fotos y decidid qué destino es mejor para Fran y Elena, según sus preferencias.

¡Disfruta de tus vacaciones en un entorno natural!

¿Quieres disfrutar de unos días de descanso en un lugar rodeado de paisajes naturales?

Seguro que ese lugar es Cabo de Gata, situado a 30 kilómetros de Almería.

El cabo de Gata-Níjar es el primer parque marítimo-terrestre de Andalucía. Es un parque de origen volcánico y el espacio protegido marítimo-terrestre de mayor superficie y relevancia ecológica de toda Europa.

¿Prefieres las playas grandes o las calas? En Cabo de Gata hay playas de gran superficie para disfrutar del mar, el sol y pasear, además de pequeñas calas de fina arena entre paredes volcánicas y dunas. **¿Quieres practicar** submarinismo? Cabo de Gata te ofrece la oportunidad de explorar su maravilloso fondo marino.

¡Ven y repetirás!

La alegría del Mediterráneo

¿Quieres unas vacaciones en una ciudad maravillosa a orillas del mar Mediterráneo? Entonces, tu destino es Málaga, situada en la comunidad autónoma de Andalucía.

Si te gustan la playa y el mar, la ciudad te ofrece las bonitas playas de La Malagueta y La Caleta donde bañarte y disfrutar del aire libre. Pero si **prefieres un turismo** más cultural, puedes visitar la casa natal del pintor malagueño Pablo Ruiz Picasso y el museo Picasso de Málaga, entre otros.

Málaga es una ciudad con tradiciones muy arraigadas, donde puedes disfrutar de una corrida en la plaza de toros de La Malagueta o uno de sus numerosos espectáculos de flamenco. Si **prefieres disfrutar** de su gastronomía, la ciudad cuenta con muchos restaurantes y bares donde puedes probar sus ricos platos como el pescadito frito, la cazuela de fideos, el gazpacho... y sus famosos vinos tintos.

El encanto del norte

¿Quieres conocer el paisaje del norte de España? Ven a San Sebastián, una ciudad situada en el País Vasco, a orillas del mar Cantábrico.

San Sebastián es una ciudad con muchas posibilidades de ocio y tiempo libre, y a la vez una ciudad tranquila y agradable. Tiene varias playas, la más conocida es La Concha, una de las más famosas de España.

¿Prefieres ir a los numerosos espectáculos de la ciudad o **disfrutar** de su gastronomía?

En San Sebastián no tienes que renunciar a nada; la ciudad cuenta con una amplia oferta cultural, entre otros, varios festivales de cine y música. Los más famosos son el Festival Internacional de Cine y el Festival de Jazz.

Y si, además, te gusta la buena mesa, ven al barrio viejo de la ciudad y disfruta en sus bares de los famosos "pintxos", pequeñas obras de arte culinarias, con las que degustarás lo mejor de la cocina vasca.

| **1.2.** | Lee el siguientes cuadro de reflexión y complétalo con ejemplos de la actividad 1.1.

Usos de los verbos *querer* y *preferir*

× Los verbos *querer* y *preferir* sirven para expresar deseos y pueden ir acompañados de un **infinitivo** o de un **nombre**.

• *Querer* + infinitivo/nombre

– ¿Quieres **pasar** tus vacaciones en una ciudad maravillosa a orillas del mar?

– Quiero **un lugar** tranquilo para mis vacaciones.

– _____

– _____

• *Preferir* + infinitivo/nombre

– _____

– ¿Prefieres las playas grandes o las calas?

– _____

Presente de indicativo del verbo *querer*	
quiero	queremos
quieres	queréis
quiere	quieren

Presente de indicativo del verbo *preferir*	
prefiero	preferimos
prefieres	preferís
prefiere	prefieren

| **1.3.** | Los verbos *querer* y *preferir* presentan irregularidades en su forma de presente. Observa sus conjugaciones, subraya las diferencias y responde. ¿Por qué son irregulares? ¿Qué cambios observas? ¿En qué personas se producen? ¿Tienen la misma irregularidad?

| **1.4.** | Comparad con otros compañeros el destino que habéis escogido para Elena y Fran y argumentadlo.

Ejemplo:

● ¿Es Málaga el destino ideal para Elena?

● Sí, porque Elena **quiere ir** a la playa…

● No, no lo es. Elena **prefiere pasar sus vacaciones** en un lugar tranquilo…

| **1.5.** | Ahora que ya habéis decidido los destinos de vacaciones de Elena y Fran, reflexionad sobre las cosas que necesitan para viajar. Primero, relacionad las fotos con su significado y después, elaborad una lista de cosas necesarias para cada uno. Podéis ampliar la lista.

1 ☐ pasaporte	3 ☐ maletas	5 ☐ libro	7 ☐ guía de viajes
2 ☐ dinero	4 ☐ GPS	6 ☐ toalla	8 ☐ sombrero

| **1.6.** | Comparad las listas con vuestros compañeros. ¿Coincidís?

El verbo *necesitar*

✕ El verbo *necesitar* puede ir acompañado de un **infinitivo** y también de un **nombre**:
- ● *Para viajar a Cabo de Gata, Elena **necesita llevar** un libro para leer en la playa.*
- ○ *Yo creo que también **necesita una maleta** grande.*

Grupo cooperativo

> | **2** | Vamos a irnos de vacaciones. Seguid las pautas.

1. Dividimos la clase en tres grupos. Cada grupo piensa qué quiere hacer durante las vacaciones. Elaborad una lista de preferencias.

2. La lista pasa al grupo de la derecha. Este debe leer la lista y seleccionar un lugar de vacaciones. Una vez elegido el destino, pasa el papel al grupo de la derecha.

3. Este tercer grupo lee el destino y anota las cosas que son necesarias para el viaje, según su opinión.

4. Poned en común lo que habéis escogido e informad a los grupos originales adónde van a ir y qué necesitan llevar.

¿POR QUÉ? | PORQUE

> | **1** | Escucha los siguientes enunciados con atención y repítelos.
| 27 |

La entonación enunciativa e interrogativa

✕ La entonación enunciativa tiene esta forma básica:

—Jaime quiere ir a la playa.

✕ La entonación interrogativa tiene dos formas básicas, ascendente y descendente:

— ¿Quieres algo?   — ¿Dónde vives?

> | **2** | Vamos a escuchar algunos enunciados con *¿por qué?* y *porque*. Marca los que son interrogativos (I) y los que son enunciativos (E).
| 28 |

1. I E   2. I E   3. I E   4. I E

| **2.1.** | Vamos a jugar a los disparates. Escribe una pregunta con *¿por qué?* en un papel y su respuesta con *porque* en otro diferente. Después dale el papel de la pregunta a tu compañero de la izquierda y recibe el de tu compañero de la derecha. Lee en voz alta su pregunta y contéstala con tu respuesta.

¿Por qué? | Porque

✕ *¿Por qué?* sirve para preguntar. Se escribe separado y lleva la fuerza y la tilde en la letra **e**.

✕ *Porque* sirve para responder. Se escribe todo junto, no lleva tilde y la fuerza está en la letra **o**.

Cultura

> **1** Lee el siguiente artículo sobre Santiago de Chile y completa la ficha informativa.

○○○   www.viajesyturismo.com

✈ *Viajes y turismo*

Santiago de Chile

La capital de Chile está en **el centro del país**, entre la cordillera de los Andes y el océano Pacífico; es una de las ciudades más recomendadas para hacer turismo. Santiago tiene más de cinco millones de habitantes.

El lugar turístico más visitado y representativo es la **Plaza de Armas**, está en el centro de la ciudad y en ella hay muchos edificios conocidos, como la Catedral Metropolitana. Otro monumento nacional muy famoso es el **Palacio de la Moneda**, residencia oficial del presidente de la República de Chile.

Los museos más visitados son el Museo Histórico Nacional y el Museo de Bellas Artes.

Santiago no tiene mar, pero sí un río que se llama **Mapocho** y que cruza toda la ciudad. En pleno centro hay un parque natural, el Cerro Santa Lucía, una pequeña montaña en el medio de la ciudad.

Plaza de Armas

Palacio de la Moneda

Mapocho

Nombre: . . . .
Población: . . . .
Ubicación: *Santiago está en* . . . . *de Chile.*
Monumentos nacionales: *Plaza de Armas,* . . . .
Museos: . . . .
Lugares de interés turístico: *El río Mapocho,* . . . .

Intercultura

> **2**  Elabora una ficha informativa sobre tu ciudad o la ciudad más importante de tu país y, después, explícasela a tus compañeros. Sigue el modelo de la actividad anterior.

> **3** |29| Antonio está perdido por Santiago de Chile. Escucha el diálogo y señala en el mapa el recorrido que necesita hacer para llegar al Cerro Santa Lucía.

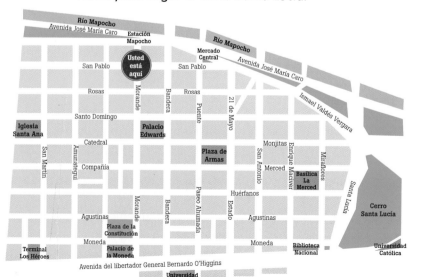

En el español de Chile *harto/a* significa *mucho, demasiado, gran cantidad de* y *cuadra* es *calle* o *manzana*.

| **3.1.** | Volved al plano del centro de Santiago de Chile de la actividad anterior. Con la información del cuadro, indicad cómo llegar a:

> × Universidad de Chile   × Universidad Católica   × Palacio de la Moneda   × ...

Pedir/dar información espacial

× Usted/tú:

- **Oiga/Oye**, por favor, | **¿dónde hay**...? **¿dónde está(n)**...?
- **Gire/gira** a la...
- **Cruce/cruza**...
- **Siga/sigue**...

| Seguir todo recto | Girar a la derecha | Girar a la izquierda | Cruzar |

¿Qué he aprendido?

1 Escribe una lista de medios de transporte.

....

2 Asocia los medios de transporte anteriores con adjetivos positivos o negativos.

....

3 ¿Qué destino de vacaciones prefieres? ¿Por qué?

....

4 Escribe una lista de las cosas que necesitas para viajar.

....

5 Escribe un ejemplo de las expresiones que puedes utilizar para:

1. Pedir/dar información espacial (informal/formal). ....
2. Pedir/dar instrucciones para traslados en medios de transporte. ....
3. Preguntar/decir el precio de algo. ....

6 Di el nombre de las ciudades que aparecen en la unidad. ¿A qué país pertenecen? ¿Qué información recuerdas de cada una de ellas?

....

7 Observa los contenidos de la portadilla de la unidad y reflexiona.

1. ¿Qué contenidos han sido los más fáciles de aprender? ....
2. ¿Qué contenidos han sido los más difíciles de asimilar? ....
3. ¿Qué contenidos has visto por primera vez en esta unidad? ....
4. ¿Qué contenidos has repasado en esta unidad? ....

8 Con respecto a los textos de esta unidad...

		Sí	Bastante	Un poco
1	...son fáciles de entender.	○	○	○
2	...no he entendido todas las palabras, pero sí la idea general.	○	○	○
3	...en la primera lectura no he entendido casi nada, pero las actividades me han ayudado a entenderlo todo.	○	○	○

6 ¡HOY ES MI DÍA!

Contenidos funcionales
- Describir acciones y actividades habituales.
- Preguntar y decir la hora.
- Hablar de horarios.
- Expresar cantidad de manera aproximada.
- Expresar la frecuencia con la que se hace algo.
- Localizar temporalmente.

Contenidos gramaticales
- Verbos reflexivos.
- Algunas irregularidades del presente de indicativo:
  - vocálicas: *e > ie, o > ue* y primera persona singular.
- Adverbios y expresiones de cantidad.
- Adverbios y expresiones de frecuencia.

Tipos de texto y léxico
- Horarios de establecimientos comerciales.
- Actividades cotidianas y de ocio.
- Establecimientos y lugares de ocio.
- Establecimientos comerciales.
- Las partes del día.
- Los días de la semana.

El componente estratégico
- Aprender léxico asociando las palabras a un contexto significativo.
- Recordar las irregularidades de presente a través de la asociación y la memoria visual.
- Obtener información de los textos mediante los títulos y subtítulos.

Contenidos culturales
- Actividades de ocio y tiempo libre en Bogotá.
- Horarios de establecimientos comerciales en Bogotá.
- Jordi Labanda: un ilustrador hispano con fama universal.
- Hábitos y costumbres de los españoles.

Ortografía/Fonética
- Contraste de los sonidos /s/, /θ/ y de las grafías *c/z/s*.

¿A QUÉ HORA NOS VAMOS?

> | 1 | 🔊 | 30 | Escucha los siguientes diálogos y relaciónalos con las imágenes. ¿Qué imagen no tiene diálogo? Compara con tu compañero. ¿Coincidís?

| 1.1. | 🔊 | 30 | Escucha de nuevo los diálogos y completa.

🔸 Diálogo **1**

Ana ▶ Oye, ¿sabes .... abre el supermercado?

Marta ▶ *A las nueve y media...*

Ana ▶ *¡Qué tarde! No me da tiempo...*

Marta ▶ *Pero está abierto .... de la noche y no cierra al mediodía.*

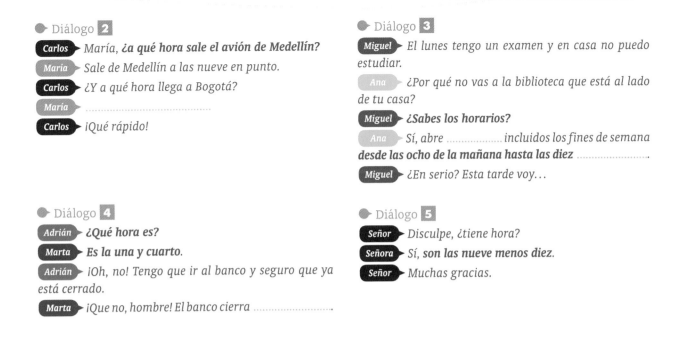

● Diálogo **2**

Carlos ▸ María, ¿a qué hora sale el avión de Medellín?

María ▸ Sale de Medellín a las nueve en punto.

Carlos ▸ ¿Y a qué hora llega a Bogotá?

María ▸ ....

Carlos ▸ ¡Qué rápido!

● Diálogo **3**

Miguel ▸ El lunes tengo un examen y en casa no puedo estudiar.

Ana ▸ ¿Por qué no vas a la biblioteca que está al lado de tu casa?

Miguel ▸ ¿Sabes los horarios?

Ana ▸ Sí, abre .... incluidos los fines de semana **desde las ocho de la mañana hasta las diez** ....

Miguel ▸ ¿En serio? Esta tarde voy...

● Diálogo **4**

Adrián ▸ ¿Qué hora es?

Marta ▸ Es la una y cuarto.

Adrián ▸ ¡Oh, no! Tengo que ir al banco y seguro que ya está cerrado.

Marta ▸ ¡Que no, hombre! El banco cierra ....

● Diálogo **5**

Señor ▸ Disculpe, ¿tiene hora?

Señora ▸ Sí, **son las nueve menos diez.**

Señor ▸ Muchas gracias.

| **1.2.** | ¿Hay algún horario que os sorprenda? Explicad el porqué.

| **1.3.** | Completad el cuadro con la información resaltada de los diálogos anteriores.

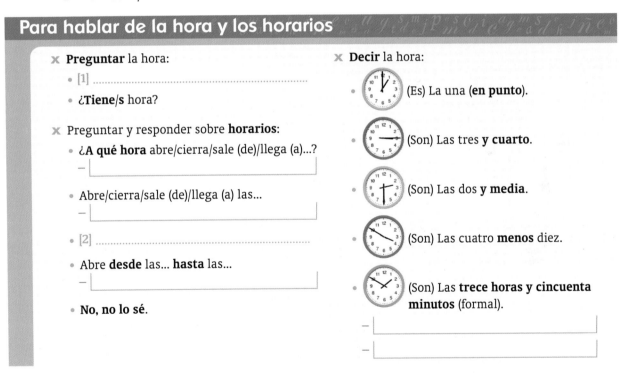

Para hablar de la hora y los horarios

✗ **Preguntar** la hora:
- [1] ....
- **¿Tiene/s** hora?

✗ Preguntar y responder sobre **horarios:**
- **¿A qué hora** abre/cierra/sale (de)/llega (a)...?
  — |
- Abre/cierra/sale (de)/llega (a) las...
  — |
- [2] ....
- Abre **desde** las... **hasta** las...
  — |
- **No, no lo sé.**

✗ **Decir** la hora:
- (Es) La una (**en punto**).
- (Son) Las tres **y cuarto.**
- (Son) Las dos **y media.**
- (Son) Las cuatro **menos** diez.
- (Son) Las **trece horas y cincuenta minutos** (formal).
  — |
  — |

| **1.4.** | Escucha la información que falta y dibuja en el reloj la hora correcta. Luego, levántate, elige a dos compañeros y comprobad los resultados. ¿Habéis coincidido?

131

1   2   3   4   5   6

>| **2** | 🌐 🌎 ¡Concurso de horas! Formad grupos y organizad vuestro equipo. Seguid estas pautas.

> **1** Cada grupo elige a un delegado.
>
> **2** Cada miembro del equipo dibuja varios relojes con sus horas y las escribe debajo.
>
> **3** El delegado comprueba si han escrito correctamente las horas y las corrige, si es necesario.
>
> **4** El delegado escoge a un miembro del equipo para dibujar en la pizarra los relojes con las horas.
>
> **5** ¡Ha llegado la hora de jugar! Cada equipo dibuja en la pizarra los relojes con las horas y el grupo contrario tiene que decirlas lo antes posible. El delegado de cada grupo apunta los minutos que ha tardado el equipo contrario en decir la hora y comprueba si es correcta. Si un equipo comete un error, pasa el turno al otro equipo.

| Intercultura |

>| **3** | 🌐 🌎 Leed la información del cuadro. ¿Cómo es en vuestros países? ¿Qué espacio de tiempo comprenden las diferentes partes del día? Si todos vivís en el mismo país, ¿conocéis alguno con otros horarios diferentes? ¿Qué país es? ¿Cómo es el horario?

Las partes del día

- **Por la mañana**   • **Por la tarde**   • **Por la noche**   • **A mediodía/A medianoche**

✗ La **mañana** va desde el amanecer hasta las 12 del mediodía.

✗ Aunque el **mediodía** corresponde a las 12:00h, en España y en algunos países de Latinoamérica usamos también *al mediodía* para hablar del espacio de tiempo de la comida, entre las 13:00h y 15:00h de la tarde, aproximadamente.

✗ La **tarde** va desde las 15:00h hasta la puesta de sol.

✗ La **noche** va desde la puesta de sol hasta el amanecer.

| Intercultura |

La determinación de las franjas horarias es cultural, por eso no siempre es la misma en todos los países en los que se habla español. En muchos países de Hispanoamérica, como Chile, Venezuela o Ecuador, las doce del mediodía son el límite entre la mañana y la tarde. Es decir, a las doce y un minuto un chileno saluda con un *Buenas tardes*.

>| **4** | 🕹️ 🌐 ¿Qué sabéis de Bogotá? Observad el mapa y completad la ficha.

- Ciudad: ....
- País: ....
- ¿Es la capital? ....
  ....

- Dos ciudades del mismo país:
  ....
  ....
- Países fronterizos:
  ....

PANAMÁ

VENEZUELA

Medellín

COLOMBIA

Bogotá

Cali

ECUADOR

PERÚ

BRASIL

| **4.1.** | 🕹️ 🌐 ¡Nos vamos de visita a Bogotá! Os dividís en grupos. El profesor os dará un texto informativo a cada grupo y una tabla para completar. Debéis leerlo y, después, entre todos, completar vuestra tabla.

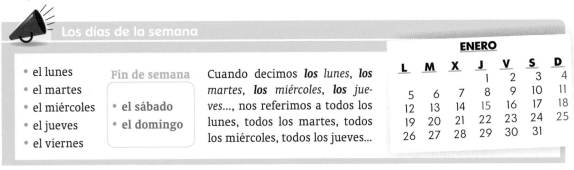

Los días de la semana

- el lunes
- el martes
- el miércoles
- el jueves
- el viernes

Fin de semana
- el sábado
- el domingo

Cuando decimos *los* lunes, *los* martes, *los* miércoles, *los* jueves..., nos referimos a todos los lunes, todos los martes, todos los miércoles, todos los jueves...

ENERO

L	M	X	J	V	S	D
			1	2	3	4
5	6	7	8	9	10	11
12	13	14	15	16	17	18
19	20	21	22	23	24	25
26	27	28	29	30	31	

Grupo A
■ Museo Botero
■ Parque Metropolitano Simón Bolívar
■ Zona Rosa
■ Teatro Nacional La Castellana

Grupo B
■ Restaurante El Criollo
■ Planetario de Bogotá
■ Museo Nacional
■ Plaza de Bolívar

| **4.2.** | 🕹️ 🌐 Intercambiad la información preguntando al grupo contrario para completar la otra parte de la tabla.

| **4.3.** | 🕹️ 🌐 Ahora que ya conocéis diferentes lugares para visitar en Bogotá, llegad a un consenso entre todos y escoged cuatro lugares para ir este fin de semana. Fijaos en los horarios y elaborad una agenda.

Recuerda

- ¿**A qué hora** abre/cierra el/la...?
- ¿**Qué días** abre?
- ¿**Qué horario tiene** el/la...?

- El museo Botero abre **de... a...** / **desde las...hasta las...**
- ¿**Qué lugares conoces/conocéis** en Bogotá?

Intercultura

> **5** Observad los horarios comerciales de distintos establecimientos en Colombia y completad una tabla similar para vuestros países. ¿Se parecen o son muy diferentes? ¿Qué es lo más sorprendente? ¿Conocéis más países con horarios parecidos a los de Colombia?

	En Colombia: Días de la semana	En Colombia: Horarios	En tu país: Días de la semana	En tu país: Horarios
Bancos	*de lunes a viernes*	*De 8:00 a 12:00 y de 14:00 a 18:00*		
Correos	*de lunes a viernes* *los sábados*	*De 8:00 a 12:00 y de 14:00 a 18:00* *De 8:00 a 12:00*		
Farmacias	*de lunes a viernes* *los sábados*	*De 8:00 a 18:00* *De 8:00 a 13:00*		
Supermercados	*de lunes a viernes* *los sábados*	*De 8:00 a 12:30 y de 14:30 a 18:30* *De 7:30 a 13:30*		
Tiendas de ropa	*de lunes a sábado*	*De 9:00 a 12:30 y de 14:30 a 18:30*		

CONTRASTE /s/ Y /θ/

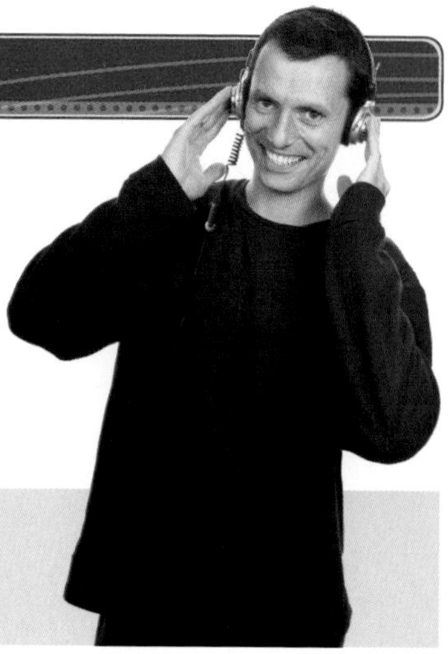

> **1** |32| Vamos a trabajar los sonidos /s/ y /θ/. Presta especial atención a la pronunciación. Escucha y repite.

1.1. |33| Ahora marca el orden en el que se dicen las siguientes palabras.

☐ pazo ☐ poso ☐ loza ☐ losa ☐ paso

☐ asar ☐ pozo ☐ caso ☐ azar ☐ cazo

Sensaciones

1.2. Lee las palabras de 1.1. ¿Cómo las pronuncias tú normalmente? ¿Te parece que lo haces bien? ¿Te sientes más seguro ahora al pronunciar los sonidos /s/ y /θ/? ¿Te gustaría pronunciar la diferencia entre estos sonidos o prefieres sesear? Háblalo con tus compañeros.

El seseo

- En algunas zonas de España así como en Hispanoamérica se produce **el seseo**.

  El seseo consiste en pronunciar las letras ***c*** (ante *e*, *i*) y ***z*** (ante *a*, *o*, *u*) con el sonido que corresponde a la letra *s* (/**s**/).

> | **2** | 👤🔊 Observa cómo se escriben estos sonidos. Luego, escucha y escribe.

| 3 4 |

Las letras c/z/s

x **SONIDO |θ|**
• c + e, i: *doce, cinco*
• z + a, o, u: *Zaragoza, suizo, azul*

x **SONIDO |s|**
• *Casa, piso, sueco, semana, siete*

1	_____	**6**	_____	**11**	_____
2	_____	**7**	_____	**12**	_____
3	_____	**8**	_____	**13**	_____
4	_____	**9**	_____	**14**	_____
5	_____	**10**	_____	**15**	_____

UN DÍA CON JORDI LABANDA

> | **1** | ¿Qué hacen las personas de las fotos? Observadlas con atención y escribid cada acción en su lugar correspondiente.

- x ducharse
- x acostarse
- x comer
- x lavarse los dientes
- x trabajar/estudiar
- x ver la televisión
- x ir al gimnasio
- x despertarse
- x levantarse
- x desayunar
- x dormir la siesta

A

B

C

D

desayunar
....

....

....

....

E

F

G

H

....

....

....

....

I

J

K

....

....

....

Fíjate

Para aprender y recordar el vocabulario nuevo, piensa en esas palabras dentro de un contexto que te sea familiar o que tenga sentido para ti:
Ver ➜ *Veo la televisión; Veo una película.*
Dormir ➜ *Duermo la siesta los domingos por la tarde.*

| **1.1.** | 👥 Comparad las respuestas del ejercicio anterior con la pareja de al lado. Si no coincidís, buscad a otras parejas de la clase y preguntadles.

| 1.2. | Elige uno de los verbos anteriores y representa la acción con gestos. Tus compañeros tienen que decir qué haces.

> | 2 | | 35 | Los reporteros de la revista digital *En línea* han pasado un día con Jordi Labanda, uno de los ilustradores más reconocidos del panorama internacional. Uruguayo de origen, se traslada a Barcelona a los tres años. Actualmente vive en Nueva York. Escucha el audio y señala qué actividades realiza Jordi Labanda en un día normal.

Jordi Labanda...

		Sí	No
1	se levanta muy tarde.	☐	☐
2	va al gimnasio por la mañana.	☐	☐
3	se ducha por la mañana.	☐	☐
4	empieza a trabajar a las ocho.	☐	☐
5	trabaja en su casa.	☐	☐
6	come a las 14:30 h.	☐	☐
7	duerme la siesta.	☐	☐
8	por la tarde dibuja en su despacho.	☐	☐
9	escucha música y ve la televisión por la noche.	☐	☐
10	cena en casa de amigos.	☐	☐
11	se acuesta a las doce de la noche.	☐	☐

| 2.1. | ¿Y tú? ¿Cómo es tu día normal? ¿Se parece al de Jordi Labanda? Explícale a tu compañero qué haces. Utiliza estas expresiones de frecuencia.

Ejemplo: - *Normalmente me levanto a las ocho de la mañana para ir a la universidad.*

Expresar la frecuencia con que se hace algo

▮▮▮▮▮▮ siempre/todos los días/las noches…
▯▮▮▮▮▮ normalmente/a menudo/habitualmente
▯▯▮▮▮▮ muchas veces
▯▯▯▮▮▮ algunas veces/a veces

▯▯▯▯▮▮ pocas veces
▯▯▯▯▯▮ muy pocas veces/casi nunca
▯▯▯▯▯▯ nunca

> | 3 | Fijaos en las formas verbales de la actividad 2 y en su audición, y completad el cuadro.

El presente de indicativo

x Verbos reflexivos:

	x Ducharse x	x Levantarse x	x Otros x
Yo	**me** ducho	[2]	*llamarse*
Tú	**te** duchas	**te** levant**as**	*apellidarse*
Él/ella/usted	[1] ...... duch......	[3]	*lavarse*
Nosotros/as	**nos** duch**amos**	[4]	[7] ....
Vosotros/as	**os** duch**áis**	[5]	
Ellos/ellas/ustedes	**se** duch**an**	[6]	

CONTINÚA ▶▶

× Verbos irregulares (irregularidad vocálica):

E > IE	O > UE	Otros verbos que conozco son:
× Empezar ×	× Dormir ×	E > IE: [10] ...., *comenzar, preferir,*
emp**ie**zo empezamos	d**ue**rmo dormimos	*querer...*
emp**ie**zas empezáis	d**ue**rmes dormís	O > UE: [11] ...., [12] ....,
[8] .... emp**ie**zan	[9] .... d**ue**rmen	*encontrar...*

- En los verbos con irregularidad vocálica las personas [13] .... y [14] .... no cambian.

× Verbos que tienen la primera persona irregular:

- Salir → **salgo**   Tener → [15] ....   Estar → [16] ....   Hacer → [17] ....

| **3.1.** | Observa en el cuadro cómo se señalan las formas irregulares de los verbos *empezar* y *dormir*. ¿A cuál de estos dibujos se parece más?

Utiliza tu **memoria visual** para recordar las formas irregulares de los verbos. Si imaginas un objeto y lo asocias mentalmente con los verbos irregulares, cuando lo visualices en tu mente, podrás recordar si el verbo es regular o irregular. ¡Compruébalo!

"Para recordar las formas de presente de los verbos con irregularidades vocálicas, voy a visualizar ...."

> | **4** | Rosa tiene un horario muy complicado y se apunta todo lo que va a hacer en su agenda para no olvidarse nada. Escribe en tu cuaderno lo que hace utilizando los verbos en presente.

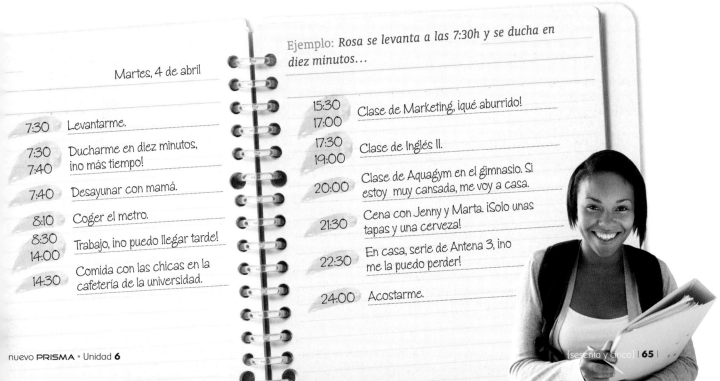

Ejemplo: *Rosa se levanta a las 7:30h y se ducha en diez minutos...*

Martes, 4 de abril

7:30	Levantarme.
7:30 7:40	Ducharme en diez minutos, ¡no más tiempo!
7:40	Desayunar con mamá.
8:10	Coger el metro.
8:30 14:00	Trabajo, ¡no puedo llegar tarde!
14:30	Comida con las chicas en la cafetería de la universidad.
15:30 17:00	Clase de Marketing, ¡qué aburrido!
17:30 19:00	Clase de Inglés II.
20:00	Clase de Aquagym en el gimnasio. Si estoy muy cansada, me voy a casa.
21:30	Cena con Jenny y Marta. ¡Solo unas tapas y una cerveza!
22:30	En casa, serie de Antena 3, ¡no me la puedo perder!
24:00	Acostarme.

| 4.1. | Escribe en un papel una lista de lo que haces en un día normal y a qué hora. No escribas tu nombre y pásaselo a tu profesor.

| 4.2. | Tu profesor mezclará las listas y repartirá una a cada estudiante. Lee en voz alta la que te ha tocado, el resto de la clase deberá adivinar de quién es y justificar por qué.

HÁBITOS Y COSTUMBRES

>| 1 | Este es el titular de un pequeño artículo que vais a leer a continuación, ¿de qué creéis que trata el artículo?

> Concéntrate, al leer, en los datos que aportan más información para desarrollar la tarea. Muchas veces los títulos y subtítulos de los textos dan información sobre el contenido.

LOS ESPAÑOLES Y SU DÍA A DÍA

| 1.1. | Ahora, leed atentamente los datos de la encuesta sobre algunos aspectos de la vida cotidiana de los españoles; primero, escribid los porcentajes y, en una segunda lectura, marcad el adverbio o expresión de cantidad apropiado, según vuestra opinión.

	%	La mayoría	Muchos	Pocos	Muy pocos	(Casi) nadie
1 Se levanta temprano.		○	○	○	○	○
2 Sale de noche todos los días.		○	○	○	○	○
3 Va a los toros.		○	○	○	○	○
4 Ve la televisión por la noche.		○	○	○	○	○
5 Va todas las semanas al cine.		○	○	○	○	○
6 Duerme todos los días la siesta.		○	○	○	○	○
7 Viaja todos los fines de semana.		○	○	○	○	○
8 Practica a menudo deporte.		○	○	○	○	○
9 Cena antes de las 8 de la tarde.		○	○	○	○	○

LOS ESPAÑOLES Y SU DÍA A DÍA

Según una encuesta del Centro Superior de Sociología, el 56% de los españoles se levanta pronto por la mañana. Solo un 32% sale de noche todos los días. Muy pocos españoles van a los toros, el 14%. El 62% ve la televisión por la noche.
Un 34% de los españoles va todas las semanas al cine. La siesta se practica en España, pero pocos españoles duermen todos los días la siesta, solo un 22%. Los españoles viajan bastante todos los fines de semana, un 58%, y un porcentaje similar practica algún deporte. Eso sí, nadie cena muy pronto, nunca antes de las 8 de la tarde, en eso no han cambiado las costumbres.

>| 2 | Vamos a conocer el día a día de la clase a través de un cuestionario y a confeccionar una estadística como la que acabas de leer. Primero, ordenad las palabras y luego, contestad las preguntas. No os olvidéis de conjugar los verbos.

1 ¿levantarse/a qué/hora? ➜ *¿A qué hora te levantas?* ....

2 ¿los domingos/hora/*desayunar*/a qué? ➜ ....

3 ¿por la mañana/*ducharse*/por la tarde/o? ➜ ....

4 ¿*hacer*/qué/tiempo libre/en tu/de lunes a viernes? ➜ ....

5 ¿*salir*/a qué/de casa/hora? ➜ . . . .

6 ¿tu horario/*ser*/cuál/de trabajo? ➜ . . . .

7 ¿*acostarse*/a qué/normalmente/hora? ➜ . . . .

8 ¿*hacer*/los fines de semana/qué? ➜ . . . .

9 ¿*ir*/al cine/cuándo? ➜ . . . .

10 ¿deporte/a la semana/cuántas veces/*practicar*? ➜ . . . .

| 2.1. | Levántate y haz una pregunta distinta a cada compañero, ellos también te preguntarán a ti. Recuerda utilizar los adverbios y expresiones de cantidad que has aprendido. Tomad nota de las respuestas.

| 2.2. | Poned en común la información y tomad notas. ¿Qué dato de los hábitos de tus compañeros te ha sorprendido más? ¿Por qué?

| 2.3. | Escribe un texto similar al que has leído en la actividad 1.1. de este epígrafe con la información que tienes sobre los hábitos de la clase.

‖Intercultura‖

>| 3 | Ya conoces algunos hábitos de los españoles. ¿Hay algún aspecto que te llama especialmente la atención? ¿Crees que en tu país sucede lo mismo que en España? Coméntalo con la clase.

¿Qué he aprendido?

1 Observa los siguientes verbos y señala los que son reflexivos.

☐ hablar ☐ dormir ☐ trabajar ☐ llamarse ☐ levantarse
☐ acostarse ☐ lavarse ☐ estudiar ☐ ver ☐ despertarse

2 ¿Qué verbos irregulares has aprendido en esta unidad? ¿Qué tipo de irregularidad tienen?

. . . .

3 Señala los usos del presente de indicativo que has trabajado en esta unidad.

☐ Expresar acciones que hacemos habitualmente.

☐ Expresar acciones que vamos a hacer durante el día.

☐ Expresar acciones referidas al momento actual e inmediato.

4 Responde según tu opinión.

	Sí	Bastante	Un poco
1 Conocer la conjugación de los verbos y sus características gramaticales es muy útil porque puedo comunicarme con mayor corrección.	○	○	○
2 Me gusta asociar reglas gramaticales a imágenes porque las puedo recordar fácilmente.	○	○	○
3 Las tareas en pareja o en grupos para aprender reglas gramaticales de forma deductiva son muy interesantes. Si yo tengo dudas, mi compañero me puede ayudar.	○	○	○

5 ¿Dónde está Bogotá? Cita tres lugares que conozcas allí para visitar.

. . . .

6 Escribe un pequeño texto indicando las actividades que haces en un día normal.

7 ¿Qué te ha resultado más fácil en esta unidad? ¿Y más difícil?

¿A CENAR O AL CINE?

Contenidos funcionales
- Expresar gustos y preferencias.
- Preguntar por gustos y preferencias.
- Expresar acuerdo y desacuerdo.
- Expresar dolor y malestar.

Contenidos gramaticales
- Verbos *gustar, encantar…*
- Verbo *doler* y *tener dolor de…*
- Pronombres de objeto indirecto.
- Adjetivos y adverbios de cantidad: *nada, poco, demasiado, bastante, mucho…*
- *También/tampoco.*

Tipos de texto y léxico
- Elaboración de un cuadro estadístico.
- Actividades de ocio y tiempo libre.
- Léxico relacionado con los hábitos alimentarios.
- Comidas y alimentos.
- Partes del cuerpo humano.
- Remedios para los dolores.

El componente estratégico
- Estrategias para solventar dificultades de aprendizaje del español.

Contenidos culturales
- Hábitos alimentarios en España e Hispanoamérica.
- La dieta mediterránea.
- La bandeja paisa: un plato tradicional de Colombia.

Ortografía/Fonética
- Contraste /l/, /r/ y /rr/.
- Las grafías *r/rr.*

DISFRUTA DE TU TIEMPO LIBRE

> | 1 | Observad las imágenes. ¿Qué tienen en común? Fijaos en lo que hacen las personas para responder.

1 .... al fútbol/ al baloncesto/a la pelota.

2 .... un café/ unas copas.

3 .... una película/ una obra de teatro.

4 .... el sol.

5 ..../......... de compras/ de tapas/a un concierto.

6 .... la guitarra/ el piano.

7 ..../............ de vaca- ciones/al campo/a comer.

8 .... a las cartas/al ajedrez.

| 1.1. | Completad las frases de las imágenes anteriores con los verbos del recuadro.

> ✗ tomar ✗ ver ✗ ir ✗ jugar ✗ tocar ✗ salir

| **1.2.** | Ahora, colocad las actividades anteriores en el lugar adecuado de la tabla y, luego, añadid dos ejemplos más a cada columna.

TOMAR	VER	IR/SALIR	TOCAR	JUGAR
1	**1**	**1**	**1**	**1** ....
2 unas copas.	**2**	**2**	**2**	**2** ....
3 el sol.	**3**	**3**	**3**	**3** ....
4	**4**	**4**	**4**	**4** ....
5		**5**		**5** ....
		6		**6** ....
		7		**7** ....
		8		

Recuerda

Pueden usarse otros verbos para hablar de actividades de ocio: *escuchar música, leer un libro/periódico, hacer deporte, navegar por Internet/la Red...*

Grupo cooperativo

1 Dividimos la clase en tres grupos.

2 Pensad en ocho actividades de ocio y escribidlas.

3 De esa lista, elegid las cinco actividades que más os gusten y que realicéis habitualmente.

4 Nombrad un delegado. Este sale a la pizarra y escribe sus cinco propuestas. Los otros delegados le dictan sus propuestas y las anota en la pizarra eliminando las repetidas.

5 Contestad a estas preguntas: *¿Qué tipo de actividades son? ¿Hay actividades que pueden estar en más de una columna? ¿Cuáles son?* Cada grupo debe completar la siguiente tabla después de llegar a un acuerdo.

Actividades...				
...de cultura y espectáculos	...de deportes	...para hacer con familia o amigos	...de tecnología y comunicación	...para hacer en casa

6 El profesor va a proyectar en la pizarra la tabla. El delegado del grupo 1 se levanta y escribe la primera actividad de la lista en una columna. Luego, le toca el turno al delegado del grupo 2 y así sucesivamente hasta completar todo el cuadro. Debéis llegar a una clasificación común. Si no estáis de acuerdo, decid por qué.

>| 2 | Este fin de semana vais a pasarlo juntos. En grupos, decidid qué vais a hacer. Elaborad una agenda de actividades de ocio y tiempo libre.

- El viernes por la tarde, ¿vamos al cine?
- Sí, buena idea./No, mejor, ¿vamos al teatro?
- Vale, perfecto.

	Mañana	Tarde	Noche
Viernes	- Clase de español hasta las 14h. -Comer con los compañeros de clase.		
Sábado			
Domingo			

| **2.1.** | Comentad entre todos vuestra agenda de actividades para el fin de semana. ¿Cuáles son las actividades preferidas por todos? ¿Cuáles no?

» PARA GUSTOS, LOS COLORES

> | **1** | Ana es española y su novio es colombiano. Llevan un tiempo saliendo y los dos tienen gustos diferentes. Lee su comentario en el foro, fíjate en las fotos y coloca las frases del recuadro en su lugar correspondiente.

- ✗ le gusta la tortilla de patatas
- ✗ le gustan las arepas
- ✗ No nos gusta nada el gazpacho
- ✗ me gustan

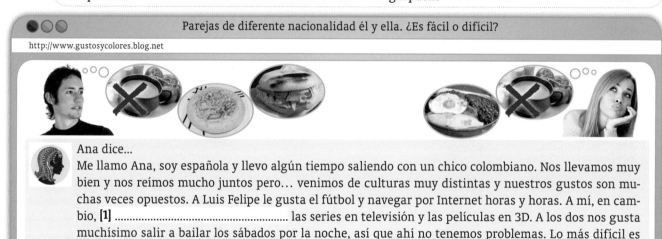

Parejas de diferente nacionalidad él y ella. ¿Es fácil o difícil?

http://www.gustosycolores.blog.net

Ana dice...
Me llamo Ana, soy española y llevo algún tiempo saliendo con un chico colombiano. Nos llevamos muy bien y nos reímos mucho juntos pero… venimos de culturas muy distintas y nuestros gustos son muchas veces opuestos. A Luis Felipe le gusta el fútbol y navegar por Internet horas y horas. A mí, en cambio, [1] .... las series en televisión y las películas en 3D. A los dos nos gusta muchísimo salir a bailar los sábados por la noche, así que ahí no tenemos problemas. Lo más difícil es con la comida. A Luis Felipe [2] .... y la comida colombiana en general. A mí, en cambio, me resulta un poco pesada. De todos modos, los dos nos adaptamos: a él [3] .... y a mí me encanta la bandeja paisa. [4] .... y no lo tomamos nunca. Bueno…, como veis, somos muy diferentes, pero lo que hay entre nosotros es muy bonito y creo que los dos aprendemos de la cultura del otro.

| **1.1.** | Observa de nuevo las frases que has colocado en el comentario de Ana y relaciona los elementos de las tres columnas. ¿Cuántas formas se usan del verbo *gustar*? ¿Es igual en tu lengua?

El verbo *gustar*

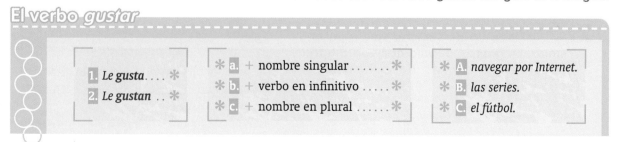

1. Le gusta .... *
2. Le gustan .. *

* a. + nombre singular .... *
* b. + verbo en infinitivo ..... *
* c. + nombre en plural ...... *

* A. *navegar por Internet.*
* B. *las series.*
* C. *el fútbol.*

| **1.2.** | Observad el cuadro, completad los espacios en blanco.

El verbo *gustar*: grados de intensidad

Amo/Adoro los dulces. ▮▮▮▮▮

(A mí) me **encanta** viajar al extranjero. ▮▮▮▮▯

(A ti) te gusta **muchísimo** el cine. ▮▮▮▮▯

(A él/ella/usted) le gusta **mucho** bailar. ▮▮▮▯▯

(A nosotros/as) nos gustan **bastante** los pasteles. ▮▮▯▯▯

(A vosotros/as) **no** os gusta **demasiado** ver el fútbol. ▮▯▯▯▯

(A ellos/as/ustedes) **no** les gusta **nada** viajar en coche. ▮▯▯▯▯

Odio hacer deporte. ▯▯▯▯▯

✖ Para saber la persona que ejerce la acción con el verbo *gustar* necesitamos los pronombres *me*,
   [1] ...., ..., ..., ..., ...

✖ Para enfatizar o distinguir a la persona que ejerce la acción con el verbo *gustar* necesitamos usar
   las formas: [2] ...., ..., *a él/ella/usted*, [3] ...., ...

✖ El verbo *encantar* se conjuga igual que el verbo *gustar*. También hay otros verbos con el mismo
   comportamiento: *interesar, importar, doler, parecer...*

| **1.3.** | ¿*Encantar* y *gustar* significan lo mismo? ¿Qué diferencia hay? Escribe una frase con cada uno de estos verbos. Las frases deben indicar el mismo grado de intensidad.

....

....

| **1.4.** | Escribe una entrada en el foro anterior contestando a Ana. Puedes aportar alguna experiencia personal.

>| **2** | |36| Ahora, vas a escuchar un programa de radio donde se habla sobre las actividades de tiempo libre que más les gustan a los jóvenes universitarios madrileños. Escucha y completa la tabla con las actividades de ocio que se dicen.

Actividades de ocio	Porcentaje
1 *Ir a conciertos de música moderna.*	74%
2	
3	
4	
5	
6	
7	
8	
9 *Escuchar la radio para informarse.*	

| **2.1.** | |36| Ahora, escucha de nuevo y apunta el porcentaje al lado de cada actividad.

| 2.2. | 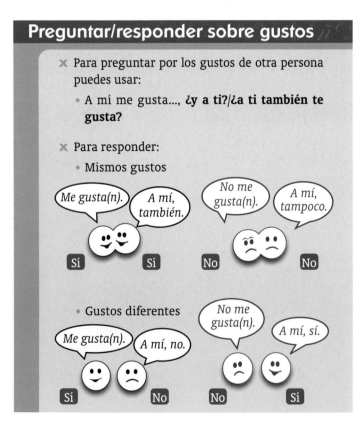 Comparad la información de la encuesta y elaborad un cuadro estadístico sobre los gustos de ocio de los universitarios madrileños, teniendo en cuenta la escala de intensidad.

A los jóvenes madrileños les encanta ir a conciertos de música moderna y hacer deporte.
....

....

....

....

Odian escuchar la radio para informarse.
....

Intercultura

| 2.3. | En grupos y por nacionalidades, elaborad un cuadro sobre los gustos de los jóvenes en vuestro país. Si sois de la misma nacionalidad, elegid algún país que os guste y buscad información sobre el mismo en Internet para elaborar el cuadro.

| 2.4. | Explicadle al resto de la clase qué hacen los jóvenes de vuestro país o del país que habéis elegido en su tiempo libre. ¿Tienen gustos muy diferentes a los de los jóvenes universitarios madrileños? ¿Creéis que hoy en día hay grandes diferencias entre los jóvenes de los distintos países del mundo? Justificad vuestra respuesta.

> | **3** | Fíjate en el cuadro, piensa en las actividades de tiempo libre que te gustan a ti, a alguna persona de tu familia o a tus amigos y coméntaselo a tu compañero para que reaccione. Sigue el ejemplo.

Preguntar/responder sobre gustos

x Para preguntar por los gustos de otra persona puedes usar:

• A mí me gusta..., **¿y a ti?/¿a ti también te gusta?**

x Para responder:

• Mismos gustos

Me gusta(n). — A mí, también.
Sí — Sí

No me gusta(n). — A mí, tampoco.
No — No

• Gustos diferentes

Me gusta(n). — A mí, no.
Sí — No

No me gusta(n). — A mí, sí.
No — Sí

No me gustan nada los deportes de riesgo, la verdad...

¿No? A mí, sí. Me encantan. Especialmente el *puenting*.

¿SOMOS LO QUE COMEMOS?

> **1** ¿Conocéis la dieta mediterránea? ¿En qué países se sigue? ¿Qué alimentos son más característicos? Escoged, de las siguientes palabras, aquellas que creéis que están relacionadas con la dieta mediterránea.

Países

- Portugal
- España
- México
- Italia
- Gran Bretaña
- Francia
- Grecia
- Malta
- Bélgica
- Sudáfrica

Bollería · Fruta · Carne · Legumbre

Pescado · Verdura · Aceite de oliva · Refrescos · Lácteos

| 1.1. | Con las palabras que habéis elegido escribid una pequeña definición de qué es la dieta mediterránea, según vuestra opinión.

....

....

| 1.2. | Leed la siguiente definición y comprobad vuestra respuesta.

> La dieta mediterránea es una dieta equilibrada y sana basada en los alimentos tradicionales de España, Francia, Italia, Grecia, Malta y otros países del mar Mediterráneo. Consiste en tomar frutas, verduras, legumbres, aceite de oliva como grasa esencial, pescado y un consumo bajo de carne y lácteos. La dieta mediterránea es Patrimonio Cultural Inmaterial de la Humanidad. ■

> **2** |37| El programa de Radio Caracol *Hoy por hoy* dedica su sección de gastronomía a un plato típico de un país de Hispanoamérica. Lee la información que te ofrecemos acerca del plato, escucha con atención, y corrige la que no es correcta. ¿Crees que este plato se puede considerar propio de la cocina mediterránea? ¿Por qué?

Nombre: Bandeja paisa.

País: Venezuela.

Región: Antioquia.

Ingredientes: manzana, arroz, huevo, pescado, frijoles, arepa y aguacate.

> | **3** |  Mantener una dieta equilibrada es fundamental para tener buena salud. Vuestro profesor os va a dar una lámina con diferentes alimentos y sus nombres. Haced una lista con ellos, clasificándolos de más a menos sanos, según vuestra opinión.

Ejemplos: - *Para mí* el pescado es muy sano; yo como bastante pescado, cuatro veces a la semana. *Yo creo que* beber un poco de vino es sano y comer mucho pan es malo.

Adjetivos y adverbios de cantidad

✕ *Poco-a | mucho-a | bastante | demasiado-a* + nombre (no contable) singular:
  – *demasiado café; bastante agua; demasiada grasa…*

✕ *Pocos-as | muchos-as | bastantes | demasiados-as* + nombre (contable) plural:
  – *muchas hamburguesas; bastantes yogures; pocos espaguetis…*

✕ Verbo + *poco | mucho | bastante | demasiado*:
  – *bebo poco; como demasiado…*

Fíjate

Demasiado tiene sentido negativo. Significado "en exceso":
—*Me gusta mucho la bollería, pero tiene demasiada grasa, no se debe comer.*

| **3.1.** | Poned en común vuestra clasificación de alimentos, llegad a un consenso entre todos y elaborad una tabla final de alimentos más sanos y menos sanos. Justificad vuestra respuesta.

||Intercultura||

> | **4** | Lee el texto sobre los hábitos alimentarios de los españoles y completa el cuadro con la información.

En España la primera comida del día –*el desayuno*– no es muy abundante. La mayoría de la gente toma café con leche, tostadas, algún bollo o galletas. El horario depende de la hora de levantarse: puede ir desde las 6 hasta las 9 de la mañana. En cambio, en muchos países de Latinoamérica el desayuno es la comida más importante y abundante del día.

El almuerzo es la comida entre el desayuno y la comida del mediodía. Aproximadamente a las 10:30h, muchas personas suelen tomar otra vez un café con leche, un pequeño bocadillo, una pieza de fruta, etc. En muchos países hispanoamericanos y en algunas zonas de España, se utiliza la palabra *almorzar* para hablar de la comida del mediodía.

La comida, en España, es la comida principal del día. Se toma un primer plato: verduras, legumbres, arroz… y un segundo plato: carne o pescado. A continuación se toma el postre: algo de fruta o algún dulce. Es costumbre acompañar la comida con vino y tomar café después del postre. El horario de la comida suele ser entre las 14:00h y las 16:00h. Para los españoles es muy importante disfrutar de la comida y lo usual es tomar una hora para comer.

La merienda es a media tarde, pero muy pocas personas meriendan. Entre los niños es frecuente tomar un bocadillo, un bollo o zumo de fruta al salir de la escuela. La hora de la merienda suele ser entre las 17:00h y las 18:00h.

La última comida del día es *la cena*. Se toma algo ligero como sopa, verduras, huevos, queso, fruta… El horario depende de la hora de salida del trabajo. Algunas personas cenan sobre las 20:30h, pero lo más habitual es después de las 21:00h y los fines de semana, más tarde. ■

Horario	Nombre	Verbo	Alimentos
- .... - Por la mañana.	Desayuno.		
- .... - Por		Almorzar.	
- De las 14:00h hasta las 16:00h - Al mediodía		Comer.	
- .... - Por			Bocadillo pequeño, bollo, zumo.
- Desde las 20:30h - Por			

Intercultura

| **4.1.** | Escribe un texto sobre los hábitos alimentarios de tu país, sigue el modelo anterior.

| **4.2.** | Ahora coméntalo con el resto de la clase. ¿Son tan diferentes las costumbres alimentarias españolas y las de tu país? ¿Se sigue en tu país una dieta mediterránea?

HOY TENGO MAL CUERPO

>| **1** | ¿Sabes cómo se llaman en español las partes del cuerpo? El profesor os dará una ficha a cada uno. Observad vuestros respectivos dibujos y preguntadle a vuestro compañero por la información que os falta, hasta completar la ficha.

| **1.1.** | ¿Sabéis qué género tienen las palabras anteriores? Con tu compañero, volved a leerlas y escribid el artículo determinado que les corresponde.
Ejemplos: - El pie, los pies.

>| **2** | Te presentamos a María: es muy simpática pero muy hipocondriaca, siempre le duele algo o no se siente bien. Relaciona las frases con los dibujos para descubrir qué síntomas tiene o qué le duele.

| **1** | Me duele la cabeza. | **2** | Me duelen los pies. | **3** | Tengo fiebre. | **4** | Estoy mareada.

✖ El verbo **doler** se conjuga como el verbo *gustar*. También se puede usar la expresión *tener dolor de*:

– *Tengo dolor de garganta.* ➡ – *Me duele la garganta.*

✖ Cuando hablamos de una parte de nuestro cuerpo con el verbo *doler*, utilizamos el artículo, no el posesivo:

– *Me duele la cabeza /Me duele mi cabeza.*

¿Cómo es en vuestra lengua?

>| **3** | ¿Conocéis remedios contra los dolores? Aquí tenéis algunos remedios caseros. Decide con tu compañero para qué sirven.

✖ agua fría	✖ agua con sal	✖ hacer ejercicio	✖ hacer yoga
✖ un té	✖ dormir mucho	✖ un masaje	✖ leche con miel

Ejemplo: *- Tomar una infusión relajante y dormir mucho es un remedio contra el dolor de cabeza.*

| Sensaciones |

>| **4** | Piensa que tu español es como tu cuerpo, ¿qué parte te duele? Escribe una lista.

Ejemplo: *- A mí me duele el vocabulario, es muy difícil recordar las palabras.*

|**4.1.**| Intercambia tu lista con un compañero y pensad qué remedios (estrategias) hay para vuestros dolores.

Ejemplo: *- Para recordar el vocabulario es recomendable hacer familias de palabras…*

➤➤ CONTRASTE /l/, /r/ Y /rr/

>| **1** | Escucha y repite.
| 38 |

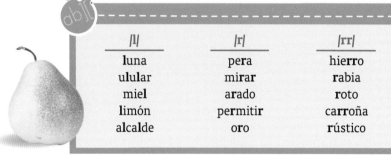

/l/	/r/	/rr/
luna	pera	hierro
ulular	mirar	rabia
miel	arado	roto
limón	permitir	carroña
alcalde	oro	rústico

>| **2** | Practica con los siguientes pares de palabras, pronunciándolos en voz alta.

✖ para/parra ✖ pelo/perro ✖ celo/cero ✖ bola/borra ✖ rima/lima ✖ mira/mirra ✖ suero/suelo

>| **3** | Vas a escuchar una serie de palabras. Une con líneas las palabras que reconozcas.
| 39 |

ROPA	MAR	PERRO	RIMA
MORAL	MAL	LILA	PERRA
RAMO	SUELO	LIMA	LAPA
RARO	SUERO	LATA	PERA

HIELA	CELO	CHURRO	CARETA
LISA	ALA	VARA	CORO
AHORRA	CORRO	ARA	BARRA
CARO	LABIO	CARRO	AHORA

> | 4 | Primero lee el cuadro y, luego, escribe las palabras que escuches.

| 40 |

Para escribir *r* o *rr*

	✗ Sonido suave ✗	✗ Sonido fuerte ✗
Al principio de palabra	No existe.	Letra **r**: *rama, rojo, rubia*.
Entre vocales	Letra **r**: *hora, Uruguay, amarillo*.	Letra **rr**: *carro, perro, parra*.
Al final de palabra o sílaba	Letra **r**: *amar, partir, esconder*.	No existe.
Tras las consonantes *l*, *n* y *s*	No existe.	Letra **r**: *Enrique, Israel, alrededor*.

¿Qué he aprendido?

1 Escribe tres actividades de ocio que no te gustan.

....

2 Los pronombres que acompañan al verbo *gustar* son: ....

3 Señala de la lista los verbos que utilizamos igual que *gustar*:

☐ encantar ☐ importar ☐ jugar ☐ doler ☐ interesar ☐ comer ☐ necesitar ☐ preferir

4 Escribe una frase para expresar acuerdo con la siguiente afirmación, y otra para indicar desacuerdo.

Me encanta el café. ➜ .... / ....

5 Escribe una lista con tus alimentos preferidos.

....

6 ¿Cuántas comidas haces al día? Descríbelas brevemente.

....

....

....

7 Completa la ficha con la información de un plato típico de tu país.

Nombre del plato: .... País: .... Región: ....

Ingredientes: ....

8 Escribe tres hábitos alimentarios necesarios para una vida saludable.

....

9 Escribe los verbos o estructuras que utilizamos para expresar dolor o malestar. Pon ejemplos.

....

10 Escribe tres palabras que se escriban con *rr*.

....

11 Completa según tu opinión.

En esta unidad ya puedo...	Sí	Bastante	Un poco
1 ...hablar sobre mis gustos y aficiones.	○	○	○
2 ...expresar mismos gustos y gustos diferentes.	○	○	○
3 ...hablar sobre mis hábitos alimentarios.	○	○	○
4 ...describir las costumbres y comidas típicas de mi país.	○	○	○
5 ...expresar dolor o malestar físico.	○	○	○

8 NOS VAMOS DE TAPAS

Contenidos funcionales
- Proponer un plan, aceptarlo o rechazarlo.
- Concertar una cita.
- Hablar de acciones en curso.
- Hablar de planes e intenciones.
- Expresar la manera de hacer algo.
- Pedir en un bar.
- Dar consejos.

Contenidos gramaticales
- Gerundio, formas y usos.
- *Estar* + gerundio.
- Verbo *quedar*.
- *Poder* + infinitivo con valor de sugerencia o proposición.
- *Ir* + *a* + infinitivo.

Tipos de texto y léxico
- Texto informativo.
- Entrevista.
- Cuestionario.
- Las comidas y bebidas en un bar de España.
- Léxico relacionado con el aprendizaje de una lengua.

El componente estratégico
- Pautas para definir objetivos y metas de aprendizaje.
- Recursos para establecer y comparar diferentes métodos de aprendizaje.
- Atenuación (rechazo).

Contenidos culturales
- De bares y tapas en España.
- El grupo musical portorriqueño Calle 13.
- Gestualidad.

Ortografía/Fonética
- /ch/, /y/.
- La grafía *y*.

¿QUÉ VAIS A TOMAR?

Cultura

> **1** Fíjate en la foto. ¿Sabes dónde están estas personas? ¿Qué hacen? ¿Cómo se llama este lugar? ¿En qué país crees que están? Coméntalo con tus compañeros.

> **2** ¿Has oído alguna vez la palabra *tapear*? Marca la opción correcta, según tu opinión, y luego lee el texto para confirmar tu respuesta.

- *Tapear* es una actividad de ocio típica de España que consiste en:
  - ○ a. comer en un restaurante y cenar en un bar.
  - ○ b. probar diferentes aperitivos, acompañados de una bebida en distintos bares y locales.
  - ○ c. preparar aperitivos en casa e invitar a tus amigos para probarlos.

Una **tapa** en España es un aperitivo que se sirve en la mayoría de los bares o restaurantes acompañando a la bebida (alcohólica o no). En algunos lugares de España, como Madrid o Andalucía, las tapas son gratis, si se pide una bebida. Existe la costumbre de salir a comer o a cenar probando las tapas de distintos bares y locales. A esta costumbre se le llama *tapeo*, *tapear* o *ir de tapas*. El tapeo se hace de pie, en la barra del bar y se suele ir de un local a otro probando sus especialidades.

Las tapas son muy variadas y de distintos tamaños. Existen las tradicionales tapas de aceitunas, patatas fritas, boquerones en vinagre, paella…; los *pinchos* de tortilla, de morcilla, de chorizo…; las modernas *tostas* de paté, de jamón y tomate… y las *raciones* de calamares, de pulpo, de patatas bravas…

Salir de tapas es una de las mejores cosas que hay en España, una oportunidad para charlar con los amigos y disfrutar de la rica gastronomía española en pequeñas porciones. ■

| **2.1.** | Volved a leer el texto y relacionad las distintas tapas que se mencionan en él con las fotos del texto. Podéis usar el diccionario. ¿Las habéis probado alguna vez? ¿Hay alguna que os resulte extraña?

| **2.2.** | Observad de nuevo las fotos del texto. ¿Qué diferencia creéis que hay entre una tapa, un pincho, una ración y una tosta?

>| 3 | |41| ¡Nos vamos de tapas! Estamos en un bar español y tú eres el camarero o la camarera. Escucha y anota lo que piden los clientes.

Diálogo 1

Camarero		Fecha	
Mesa	Cubiertos		
Cantidad			**Total**

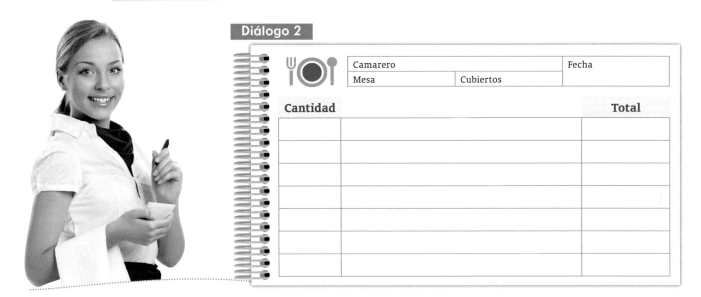

Diálogo 2

Camarero		Fecha	
Mesa	Cubiertos		
Cantidad			**Total**

Fíjate

El camarero pregunta: *¿Qué van a tomar?* La estructura ***ir* + *a* + infinitivo** sirve para expresar planes o intenciones de futuro inmediato:

– *Este fin de semana* ***voy a salir*** *al campo, para relajarme.*
– *Mañana* ***vamos a comer*** *a un restaurante para celebrar el cumpleaños de mi marido.*

| 3.1. | |41| Vuelve a escuchar los diálogos y responde a las preguntas.

1 ¿Qué se pide primero en España, la bebida, la comida o todo junto?

2 ¿Qué verbo utilizan los camareros para hablar de forma general de la bebida y la comida?

3 ¿Qué forma de tratamiento utilizan los camareros y clientes?

4 ¿Estos diálogos son parecidos a los que hay en un bar o restaurante de tu país? ¿Por qué?

nuevo **PRISMA** • Nivel **A1**

| 3.2. | Teniendo en cuenta los diálogos anteriores, completad la información siguiente. Podéis volver a escucharlos, si es necesario.

En el bar

× **Saludar:**
- Hola, [1] .... / buenas tardes. / buenas noches.

× **Preguntar** por la bebida y la comida:
- ¿Qué quiere/n **tomar**?
- [3] ¿.................. comer?
- [2] ¿................. van/.............. a tomar?
- [4] ¿Van/.......................... **algo**?

× **Pedir** algo para beber o comer:
- **Me pone un poco de…**
- [5] ....
- [6] ....

× Pedir **la cuenta:**
- [7] ....
- **¿Cuánto es?**

Intercultura

>| **4** |  Observa el gesto que se hace en España para decir al camarero que quieres la cuenta. ¿Lo puedes describir? ¿Es igual en tu país o tiene otro significado? ¿Existe otro gesto? Muéstrale a tus compañeros cómo es.

| **4.1.** | ¿Cómo son los aperitivos en tu país o región? ¿Hay alguna costumbre similar a tapear? Describe un aperitivo típico, di cómo se llama, cuándo y cómo se come y cuáles son sus ingredientes.

Fíjate

En Hispanoamérica las tapas se llaman *botanas*, *antojitos* o *bocaditos*, y también son pequeñas porciones de comida para acompañar a la bebida.

Grupo cooperativo

>| **5** | Vamos a transformar la clase en un bar. Para ello, necesitamos: clientes, camareros, barra, mesas y sillas. La clase se divide en dos grupos: A y B. El grupo A serán los clientes, el grupo B los camareros.

1. La primera tarea es la decoración del bar, decidid en qué lugar debe estar la barra y la distribución de mesas y sillas en el bar, y decoradlo.

2. La segunda tarea consiste en preparar los diálogos.

Grupo A: los clientes piensan en las tapas, pinchos y bebidas que les gustaría tomar y elaboran una lista.

Grupo B: los camareros elaboran dos cartas para ofrecer a los clientes: una de pinchos y tapas, y otra de bebidas.

3. La tercera tarea es la representación de los diálogos. Los clientes se sientan en las mesas y los camareros se distribuirán dependiendo del número de mesas, y clientes, ofreciéndoles las cartas para formular las peticiones. Podéis tomar como modelo los diálogos que habéis escuchado.

RESTAURANTE & TAPAS-BAR
× MEJILLONES a La MARINERA
× BOMBAS de PATATA CON SALSA
× ALCACHOFAS a La BRASA
× SARDINAS AL GRILL
× SOLOMILLO de TERNERA
× JAMON IBERICO
× QUESOS MANCHEGOS
× ARROZ CON SETAS
× GAMBAS a La PARRILLA
× CALAMARES a La ANDALUZA
× PULPO a La GALLEGA
× ALMEJAS AL AJILLO
× ENTRECOT de GIRONA a La BRASA
× SURTIDO de EMBUTIDOS IBERICOS
× PAN CON TOMATE

¿QUEDAMOS?

> | 1 | ¿Conocéis al grupo musical Calle 13? Las siguientes imágenes y palabras os pueden ayudar a conocer al grupo. Observadlas con atención y decidid qué significan. Después, poned en común vuestras hipótesis sobre Calle 13. ¿Estáis todos de acuerdo? Luego, completad la ficha con vuestras hipótesis.

REGGAETON
HIP-HOP   JAZZ
BOSSA NOVA
SALSA
ELECTRÓNICA

LAS ESTRELLAS SE VEN MEJOR DESDE LA **PATAGONIA SUR**

CALLE 13
ENTREN LOS QUE QUIERAN

SOMOS LA PRODUCTORA QUE ORGANIZA LOS ESPECTÁCULOS QUE ESTABAS ESPERANDO.

PUERTO RICO (to US)
SAN JUAN

Residente + Visitante

| **1** Nombre del grupo: . . . . *Calle 13.* . . . | **2** País de origen: . . . . |

3 Número de integrantes del grupo: . . . .

4 Nombre/Apodos de los integrantes del grupo: . . . .
. . . .

5 Tipo de música: . . . .

6 Premios: . . . .

7 Título de una canción: . . . .

| 1.1. | A continuación, vas a escuchar un fragmento de una entrevista realizada al grupo |42| Calle 13 en un programa de radio de Puerto Rico. Escucha con atención, comprueba tus respuestas anteriores y corrígelas si es necesario.

| 1.2. | Ahora que ya tenéis todas las respuestas, ¿hay algún dato que os llame la atención? ¿Cuál? ¿Por qué? ¿Conocíais a este grupo anteriormente?

> | 2 | Este fin de semana es el concierto de Calle 13 en Bilbao, y dos amigos se ponen de acuerdo por mensajes de móvil para ir juntos. Lee con atención los mensajes y ordénalos. Luego, compara el resultado con tu compañero.

☐ **Mensaje 1**

¡Marta, viene Calle 13 a Bilbao! ¿**Qué tal si** hablas con tu familia y le dices que no puedes ir?

☐ **Mensaje 2**

Marta, el sábado hay un concierto de Calle 13 en Bilbao.
¿**Te apetece** ir?

☐ **Mensaje 3**

A las 21:00 delante del estadio.

☐ **Mensaje 4**

OK. Nos vemos allí.

☐ **Mensaje 5**

Vale… el concierto es a las 22:30, ¿no? ¿**A qué hora y dónde quedamos**?

☐ **Mensaje 6**

Es que el sábado tengo cena familiar, no puedo ir. ¿**Y si** vamos el domingo al cine?

| 2.1. | Ahora, leed el siguiente cuadro y completad las explicaciones con las opciones que se ofrecen y los mensajes de la actividad anterior.

> x proponer algo
>
> x decir la hora y el lugar de una cita
>
> x rechazar una invitación
>
> x concretar una cita

Proponer un plan, aceptarlo o rechazarlo. Concertar una cita

x Para [1] .... :
- ¿**Vamos a**...?
- [2] ¿...?
- ¿**Qué te parece si**...?

x Para [5] .... :
- **Es que** + excusa
  — *Es que el sábado tengo cena familiar y no puedo ir. ¿Y si vamos el domingo al cine?*

x Para [6] .... :
- [7] ¿..................................?

x Para [8] .... :
- **A las** ocho **en** la esquina del teatro.

- [3] ¿...?
- [4] ¿...?
- **Poder** + infinitivo
  — *Podemos ir al cine.*

- ¿**Qué día**
- ¿**Cuándo**   **quedamos**?

- [9] ....

🔊 **Fíjate**

En español, cuando no aceptamos una proposición, es muy importante explicar el motivo y/o proponer otro día u otra oferta para atenuar el rechazo. De lo contrario, el rechazo puede entenderse como una ofensa.

| 2.2. | Completa el siguiente diálogo con alguna de las expresiones del cuadro anterior.

María ▸ *Oye, Juan, ¿* **(1)** .... *ver Los Miserables al teatro Lope de Vega?*

Juan ▸ *Sí, tengo muchas ganas de ver este musical. Dicen que está muy bien. ¿***(2)** *............................ vamos el sábado?*

M. ▸ *¿***(3)** *............................ vamos el viernes?* **(4)** *............................ el sábado no puedo, me voy a Sevilla.*

J. ▸ *Vale, ¿***(5)** *............................ ir a la función de las 10?*

M. ▸ *Por mí, perfecto. ¿***(6)** *............................ y* **(7)** *............................ quedamos?*

J. ▸ **(8)** *............................ nueve, enfrente del teatro.*

M. ▸ *Muy bien, nos vemos allí. ¡Hasta el viernes!*

J. ▸ *¡Hasta el viernes!*

>| 3 | Fijaos en las propuestas de ocio que os va a mostrar el profesor. Leedlas con atención y escoged la que más os guste. Luego, proponed a vuestros compañeros una de las actividades y, después de poneros de acuerdo, decidid qué día vais a ir y a qué hora.

APRENDER APRENDIENDO

>| 1 | ¿Qué objetivos y metas tienes como estudiante de español? Completa este cuestionario con tus necesidades, intereses y expectativas.

> Es necesario conocer de forma clara los objetivos y las expectativas que tienes como estudiante de español para planificar tu proceso de aprendizaje y sentirte motivado.

Marca y completa las frases, si es necesario.

Finalidad. ¿Para qué estudias español?

☐ Para pasar un examen en ....   ☐ Para estudiar en ....

☐ Para trabajar en ....   ☐ Para viajar por ....

- Para hablar con: ☐ amigos   ☐ mi familia   ☐ mi novio/a
                      ☐ mi pareja   ☐ compañeros/as de trabajo   ☐ clientes

☐ Para conocer gente que habla español.

- Para entender: ☐ las películas   ☐ la televisión   ☐ la radio   ☐ la letra de las canciones

- Para leer: ☐ libros   ☐ revistas   ☐ páginas de Internet

☐ Para chatear en Internet.

☐ Otro (especificar) ....

- **Nivel. ¿A qué nivel quieres llegar?**

  ☐ A1   ☐ A2   ☐ B1   ☐ B2   ☐ C1   ☐ C2   (Niveles según el *Marco común europeo de referencia para las lenguas*)

- **Duración. ¿Cuánto tiempo quieres estudiar?**

  ☐ Menos de 1 mes.   ☐ Entre 1 y 3 meses.   ☐ Entre 3 y 6 meses.   ☐ Entre 6 y 12 meses.
  ☐ 1-2 años.   ☐ 3 años.   ☐ Más de 3 años.

- **Motivación e intereses. ¿Por qué quieres estudiar español?**

  ☐ Tengo amigos que hablan español.   ☐ Es una lengua muy hablada en el mundo.
  ☐ Necesito el español en mi currículo.   ☐ Me parece que es un idioma divertido.
  ☐ Me gusta la cultura hispana.   ☐ Me interesa la literatura en español.
  ☐ Quiero viajar a: ....
  ☐ Otro (especificar) ....

Sensaciones

| 1.1. | Comenta con tus compañeros el resultado del cuestionario. ¿Coincidís en algunos objetivos, metas y gustos? ¿Hay algún dato que os llame especialmente la atención? ¿Tienes más claras tus metas después de compartir tus inquietudes con tus compañeros?

>| 2 | |43| Los siguientes estudiantes hablan sobre los métodos que utilizan para aprender una lengua extranjera. Escucha y relaciona los diálogos con esta información.

■ *¿Cómo aprenden español?*

☐ 1. Para aprender de verdad, paso más tiempo **hablando** que **escribiendo**.

☐ 2. Para practicar, veo películas y series. Ahora **estoy viendo** una telenovela.

☐ 3. **Grabándo**me y **escuchándo**me hablar puedo conocer mis errores y corregirlos.

☐ 4. Yo realmente aprendo **conociendo** gente del país de la lengua que estudio.

☐ 5. **Leyendo** lecturas adaptadas a mi nivel.

☐ 6. **Estudiando** con un libro. En estos momentos, **estoy estudiando** con un libro con traducciones en mi lengua, es mucho más fácil para mí.

| **2.1.** | 🌐🔵 Y tú, ¿qué métodos utilizas para estudiar y mejorar tu español? Observa la siguiente ficha, señala la opción mejor para ti y completa la frase si es necesario. Luego, coméntalo con tus compañeros.

■ *Aprendo español…*

○ …**haciendo** un curso en…
○ …**viajando** a un país hispano.
○ …**estudiando** solo/a.
○ Otros: _____

○ …**haciendo** ejercicios gramaticales.
○ …**intentando** hablar con nativos.
○ …**trabajando** en un país hispano.

| **2.2.** | 🌐🔵 Observad las formas en negrita de las actividades 2 y 2.1. y completad el cuadro con la información que falta y los ejemplos.

Formas y usos del gerundio

✕ –ar ➜ –ando ✕	✕ –er ➜ –iendo ✕	✕ –ir ➜ –iendo ✕	✕ Gerundios irregulares ✕
hablar ➜ hablando	comer ➜ comiendo	vivir ➜ viviendo	dormir ➜ **durmiendo**
cantar ➜ cantando	beber ➜ [2]	subir ➜ [4]	leer ➜ [6] ....
[1] .... ➜	[3] .... ➜	[5] .... ➜	decir ➜ **diciendo**
			oír ➜ **oyendo**

✕ El gerundio es una forma ☐ **personal** / ☐ **impersonal** del verbo.

✕ Cuando el verbo es pronominal (*levantarse*), los pronombres se ponen **antes** ☐ / **después** ☐ del verbo y forman **una** ☐ / **dos** ☐ **palabra/s**: [7] *grabándo* ....

✕ El gerundio se usa para hablar de la manera de hacer algo:

– *Aprendo español conociendo gente hispana.*

– *Aprendo español* _____ .

– *Aprendo español* _____ .

– *Aprendo español* _____ .

✕ [8] .... + gerundio, se usa para hablar del **desarrollo** de una acción:

– _____ .

– _____ .

| **2.3.** | 👤🔵 ¿Qué forma o estructura utilizas en tu lengua para expresar los usos del gerundio? ¿Es igual o muy diferente? Escribe algún ejemplo.

Sensaciones

> **3** | 👤🔵 ¿Qué aspectos crees que debes mejorar en tu aprendizaje de español? Piénsalo con detenimiento y escríbelos en un papel siguiendo el esquema que te presentamos. ¿Sientes estrés al pensar en ello?

	Debo mejorar
Con respecto a la expresión oral…	
Con respecto a la expresión escrita…	
Con respecto a la comprensión lectora…	
Con respecto a la comprensión auditiva…	

| 3.1. | Intercambia tu lista con tu compañero. ¿Coincidís? ¿Qué consejos os podéis dar para solucionar vuestros problemas? ¿Y para no sentir estrés o preocupación?

Dar consejos

- ✖ Para dar consejos se puede utilizar la estructura *poder* + **infinitivo**:
  - ● *Es muy difícil para mí practicar español después de clase porque donde vivo no hay hispanos.*
  - ● ***Puedes hablar*** *con españoles en un chat.*

Presente de indicativo del verbo *poder*	
puedo	podemos
puedes	podéis
puede	**pue**den

| 3.2. | Poned en común vuestros propósitos y necesidades con respecto al español. Escribid en la pizarra una lista con los aspectos a mejorar que son más comunes. Intercambiad las propuestas y estrategias que habéis decidido en parejas. ¿Cuál creéis que es la mejor para cada uno?

≫ /ch/ Y /y/

>| 1 | | 44 | Lee la información y, luego, escucha y repite las palabras del recuadro.

/ch/, /y/

- ✖ /**ch**/ es un sonido que se compone de dos letras: **ch**ocolate, **ch**ico.
- ✖ La letra **y** tiene dos pronunciaciones:
  - • Como vocal, se pronuncia igual que /i/, como en las palabras *hoy* o *hay*.
  - • Como consonante, se pronuncia /**y**/, un sonido muy similar al de /ll/, como en las palabras *yema* u *oye*.
  - • En muchas zonas hispanohablantes, los sonidos /**y**/ y /ll/ son el mismo.

✖ **y**uca	✖ **y**egua	✖ ma**y**oría	✖ a**y**udar	✖ ra**y**o	✖ pla**y**a	✖ **y**ermo
✖ mu**ch**a**ch**o	✖ **ch**orizo	✖ **ch**ato	✖ **ch**aqueta	✖ ba**ch**e	✖ pe**ch**o	✖ co**ch**e

---

| 1.1. | | 45 | A continuación vas a escuchar una serie de palabras. Cada una de ellas tiene un número. Escucha atentamente y coloca el número de cada palabra en el recuadro correspondiente.

/ch/		/y/	

| 1.2. | Completa con *y* o *ll*.

| __uvia | __ema | po__o | __orar | ra__o | __o | __aves | __egua |

 **La letra y**

✗ Cuando la letra **y** es conjunción y la palabra siguiente comienza por la letra **i**, la **y** se cambia por **e**:
– *Sonia habla francés* **e** *inglés*.

✗ Recuerda que la letra **y** puede pronunciarse como vocal o como consonante cuando aparece ante otra vocal:
– *doy, Paraguay, rey / desmayar, trayecto, reyes*.

>| **2** | |46| Teniendo en cuenta todo lo que has aprendido hasta ahora, escucha y escribe lo que se dicta.

¿Qué he aprendido?

1 Define en una frase qué es *tapear*.

....

2 Escribe el nombre correspondiente al lado de cada definición.

1. Plato pequeño, con poca cantidad de comida: ....
2. Plato más grande, con más cantidad de comida: ....
3. Rebanada de pan con una ración de comida: ....

3 ¿Qué has aprendido en esta unidad? Escribe dos ejemplos de cada.

• Contenidos funcionales: ....
• Contenidos gramaticales: ....
• Léxico: ....
• Contenidos culturales: ....

4 ¿Para qué utilizamos *estar* + gerundio? Escribe un ejemplo.

Para .... Ejemplo: ....

5 Escribe dos gerundios regulares y dos irregulares.

....

6 ¡Aprendiendo español! Lee las frases y clasifícalas en la fila correspondiente. Luego, añade una frase más para cada una de ellas.

1. Porque es una lengua que se habla en todo el mundo.
2. Estudiando solo.
3. Para entender las películas en español.
4. Haciendo un curso.
5. Porque quiero trabajar en Uruguay.
6. Para pasar un examen.

Finalidad: ....

Motivos e intereses: ....

Método: ....

9 VIAJA CON NOSOTROS

Contenidos funcionales
- Hablar del tiempo atmosférico.
- Narrar acciones en el pasado.
- Describir lugares geográficamente.

Contenidos gramaticales
- Pretérito indefinido: morfología (formas regulares y algunas irregulares: *ser, ir, dar, estar, tener* y *hacer*) y uso.
- Marcadores temporales: *ayer, anoche, anteayer, el otro día, la semana pasada, el mes pasado, el año pasado.*

Tipos de texto y léxico
- El reportaje.
- El blog de viaje.
- Léxico de viajes.
- Léxico de geografía.
- El tiempo atmosférico.
- Los meses del año.
- Las estaciones del año.

El componente estratégico
- Técnicas para memorizar vocabulario a través de las sensaciones.
- Estrategias para realizar una presentación oral.
- Recursos para contar acciones en pasado.

Contenidos culturales
- Uruguay, tradición y cultura.
- Un viaje por Andalucía: Sevilla, Córdoba y Granada.
- Lanzarote (España), Guanajuato (México) y Honduras.

Fonética
- Contraste /n/ y /ñ/.

>> URUGUAY NATURAL

| Cultura |

> | **1** | 👤👥📖 Observa las fotos y lee este reportaje sobre Uruguay.

Uruguay nos espera

Comenzamos nuestro recorrido por este fantástico país, la República Oriental del Uruguay, y lo hacemos preparando el mate, una bebida típica del país, que los uruguayos toman en todas partes y a todas horas.

Uruguay, con poco más de tres millones de habitantes, es un país pequeño en comparación con sus vecinos, Brasil y Argentina. La ciudad más importante del país es Montevideo, su capital, que tiene la mitad de los habitantes de todo el país; el resto de la población se reparte en ciudades más pequeñas como Melo y Salto.

Los caballos, la ganadería y el trabajo de los míticos gauchos es un rasgo de la identidad uruguaya. Los uruguayos se consideran excelentes parrilleros y, sin lugar a dudas, el asado de carne es el plato más famoso y tradicional de todo el país. ■

CONTINÚA »

nuevo **PRISMA** • Nivel A1

ruguay es una gran llanura, no tiene montañas ni desiertos. Su entorno natural lo forman más de 600 kilómetros de playas de arenas limpias y aguas cristalinas, ríos como el río Uruguay y el río de la Plata que cruzan también Argentina. El río de la Plata es, en su desembocadura, el río más ancho del mundo y es excelente para practicar deportes acuáticos.

Cualquier época del año es buena para visitar Uruguay, no nos podemos perder el barrio antiguo de Montevideo, la ciudad de playa por excelencia, Punta del Este y Colonia de Sacramento, con su rico pasado colonial reflejado en sus calles y edificios. ■

Nota de léxico

✗ La pampa es una llanura extensa que no tiene árboles, propia de América del Sur.
✗ Los gauchos son campesinos de Argentina y Uruguay que se dedican a la ganadería.

| **1.1.** | A continuación, habla con tu compañero y responded a las siguientes preguntas.

1 ¿Cómo se llama el país?

2 ¿Cuál es su capital?

3 ¿Cuáles son sus ciudades más importantes?

4 ¿Con qué países limita?

5 ¿Cómo se reparten sus habitantes?

6 ¿Sabes decir cuál es el nombre del río más ancho del mundo?

7 ¿Cuál es el plato más característico de Uruguay?

8 ¿Qué lugares se aconseja visitar?

| **1.2.** | Marta acaba de llegar de un viaje por Uruguay. Se encuentra con su amiga Sonia y le cuenta su viaje. La información que da no siempre es la correcta. Escucha y rectifica los datos incorrectos.

| 47 |

1 Dice . . . .

  Debe decir . . . .

2 Dice . . . .

  Debe decir . . . .

3 Dice . . . .

  Debe decir . . . .

4 Dice . . . .

  Debe decir . . . .

5 Dice . . . .

  Debe decir . . . .

CONTINÚA »

6 Dice . . . .

Debe decir . . . .

7 Dice . . . .

Debe decir . . . .

8 Dice . . . .

Debe decir . . . .

9 Dice . . . .

Debe decir . . . .

10 Dice . . . .

Debe decir . . . .

>| **2** | Estos son los meses del año. Clasifícalos en su estación correspondiente según el clima de tu país.

| ✕ enero | ✕ marzo | ✕ mayo | ✕ julio | ✕ septiembre | ✕ noviembre |
| ✕ febrero | ✕ abril | ✕ junio | ✕ agosto | ✕ octubre | ✕ diciembre |

PRIMAVERA	*VERANO*	*OTOÑO*	*INVIERNO*

| **2.1.** | Ahora vas a escuchar a un uruguayo explicar el clima de su país. Completa la información.

[48]

1 El clima de Uruguay es . . . .

2 En verano la temperatura es de . . . .

3 Los meses de verano son . . . .

4 En invierno la temperatura es de . . . .

5 Los meses de invierno son . . . .

6 La primavera es . . . .

| **2.2.** | ¿Coinciden las estaciones con Uruguay? ¿Es igual para todos los estudiantes de la clase? ¿Conocéis otros países con meses diferentes en las estaciones del año? ¿Cuáles?

¡QUÉ TIEMPO HACE!

>| **1** | ¿Sabéis que significan estas palabras? Decid con qué imagen se pueden relacionar. Podéis usar el diccionario.

| ✕ nieve | ✕ fresco | ✕ viento | ✕ nublado | ✕ frío | ✕ aire | ✕ tormenta | ✕ calor | ✕ sol |

. . . .

| **1.1.** | Leed la información y completad el cuadro seleccionando las palabras de la actividad anterior.

El tiempo atmosférico

✗ Para **describir el tiempo atmosférico** podemos usar:

- **Hace** [1] ...., [2] ...., [3] ...., [4] ...., [5] ...., [6] ...., buen tiempo, mal tiempo...
- **Llueve/Está lloviendo**.   • **Nieva/Está nevando**.
- **Hay** [7] ...., [8] ...., niebla, relámpagos, nubes...
- **Está** [9] ...., despejado, soleado...
- La temperatura **es** alta, baja, de X grados (centígrados)...
- El clima/tiempo **es** cálido, frío, templado, seco, suave, húmedo...

✗ Los verbos *llover* y *nevar* solo se usan con el verbo en **tercera persona de singular**.

✗ Recuerda:

- Usamos **muy** delante de adjetivo y adverbio: – *Hace **muy** buen tiempo.*
- Usamos **mucho, mucha, muchos, muchas** delante de nombre: – *Hace **mucho** calor.*
- Usamos **mucho** después del verbo: – *Llueve **mucho**.*

| **1.2.** | Observa las imágenes. Escoge una y descríbela. Tus compañeros tienen que decir de qué imagen estás hablando.

| **Intercultura** |

| **1.3.** | Escucha esta conversación que transcurre en un ascensor. ¿Por qué hablan del tiempo?
[49] Señala la opción correcta.

1 ☐ Uno de los interlocutores necesita información sobre el tiempo para salir de viaje.

2 ☐ Los interlocutores hablan del tiempo para mantener una conversación durante el trayecto en ascensor.

3 ☐ Los interlocutores se saludan e intercambian sus experiencias sobre el tiempo atmosférico.

Fíjate

En España es normal hablar del tiempo que hace para no estar en silencio con personas desconocidas en algunas situaciones: durante un trayecto en ascensor, en la sala de espera de un médico, cuando se hace cola en algún establecimiento... Estar en silencio produce incomodidad. **¿Es igual en tu país?**

> | **2** | Asocia las estaciones del año con palabras que sean significativas para ti y explica el porqué.

Taza de chocolate

Nieve

INVIERNO

OTOÑO

PRIMAVERA

VERANO

Mi estación preferida es el **invierno**, yo asocio el invierno con una **taza de chocolate** caliente, porque, en mi casa, mi abuela siempre prepara un chocolate caliente cuando **nieva**.

Fíjate

Asociar el vocabulario nuevo con palabras o conceptos que son significativos para ti te ayuda a recordarlo.

| Intercultura |

> | **3** | Vais a preparar una exposición oral sobre cómo es la geografía y el clima de un país de vuestra elección. Buscad información y usad este cuadro para organizarla. Aportad también imágenes para hacer la exposición más interesante y facilitar su comprensión.

Organización del discurso

País: . . . .
Capital: . . . .
Ciudades importantes: . . . .
Límites: . . . .
Montañas: . . . .
Ríos y lagos: . . . .
Lengua oficial: . . . .
Clima: . . . .
Comidas y bebidas tradicionales: . . . .
. . . .
Lugares de interés: . . . .

Palabras y verbos necesarios

Llover…
Hacer calor, frío…
Meses de invierno…

Recuerda

Antes de la presentación:

- organiza tu discurso;

- busca las palabras y los verbos que vas a necesitar;

- piensa cómo vas a presentar la información y en las preguntas que te pueden hacer para anticipar las respuestas;

- ensaya antes de la presentación, si no te sientes seguro.

Posibles preguntas de mis compañeros

| **3.1.** | Ahora cada pareja va a hacer su exposición en público. Después, entre todos, ¿podéis explicar cuáles son las coincidencias y diferencias entre los diferentes países de los que se ha hablado en clase?

> | 1 | 🏊 📖 Iria tiene un blog de viajes. Hoy ha colgado unas fotos y unos comentarios sobre un viaje que hizo por Andalucía la primavera pasada. Por un problema informático, las fotos y los textos se han desordenado. Relacionad los grupos de fotos con sus textos correspondientes.

● ○ ○   Mis viajes de oro

http://www.viajando.blog.net

Mis viajes de oro

Foro > Andalucía > Mis viajes de oro

1 ☐
En Sevilla, **estuve** cuatro días e **hice** muchas cosas. Una tarde **vi** una corrida de toros en La Maestranza, la plaza de toros de Sevilla; también **subí** a la Giralda, la torre más alta de la catedral. El último día **salí** por la noche con unos amigos y **vimos** iluminado el puente más moderno de la ciudad, construido para la Expo del 92.

2 ☐
En Córdoba, **visité** los barrios de Santa Marina, San Agustín y San Lorenzo. Un día, **me levanté** muy temprano y **fui** con un grupo a visitar la Mezquita. El último día, antes de viajar a Granada, **di** una vuelta y **pasé** por el puente romano o Puente Viejo. **Tuve** mucha suerte porque **hizo** un tiempo estupendo.

3 ☐
En Granada, **estuvimos** dos días. El primer día **visitamos** La Alhambra. Allí **paseamos** por los jardines del Generalife. Recuerdo que **pensé** que es el lugar más maravilloso del mundo. El Patio de los Leones me **gustó** muchísimo. El segundo día, **fuimos** de tapas por el barrio del Albaicín. **Comí** unas cosas muy ricas y todo **fue** bastante barato.

| 1.1. | 👤 ⚙️ Vuelve a leer los textos, fíjate en las formas verbales resaltadas y marca lo que te parece correcto.

Las formas verbales que emplea Iria se refieren a un tiempo de:

○ pasado   ○ presente   ○ futuro

| **1.2.** | 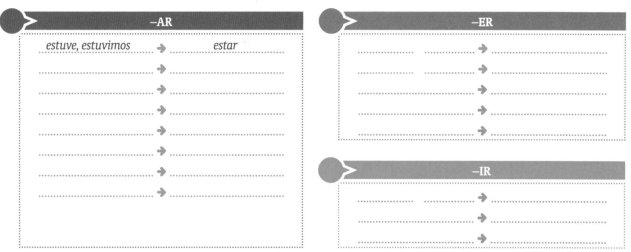 Ahora, escribe los verbos de los textos de la actividad 1 que están en negrita en la caja que corresponde y anota el infinitivo.

–AR	
estuve, estuvimos →	estar
→	
→	
→	
→	
→	
→	
→	

–ER	
→	
→	
→	
→	
→	

–IR	
→	
→	
→	

Fíjate

En español hay varios tiempos para hablar de acciones que suceden en el pasado. El tiempo verbal que aparece en los textos se llama **pretérito indefinido** y tiene formas regulares e irregulares. El pretérito indefinido se usa para expresar acciones ya **terminadas** que se desarrollan **en un tiempo pasado**, y que no tienen ninguna relación con el presente.

| **1.3.** | ¿Cómo son las formas verbales del pretérito indefinido? Observad el cuadro y completad la información que falta con los verbos anteriores.

Pretérito indefinido regular e irregular

× Verbos **regulares**:

	× Verbos en *–ar* ×	× Verbos en *–er* ×	× Verbos en *–ir* ×
Yo	[1]	[2]	[3] ....
Tú	visit**aste**	com**iste**	sal**iste**
Él/ella/usted	visit**ó**	com**ió**	sal**ió**
Nosotros/as	visit**amos**	com**imos**	sal**imos**
Vosotros/as	visit**asteis**	com**isteis**	sal**isteis**
Ellos/ellas/ustedes	visit**aron**	com**ieron**	sal**ieron**

- Otros verbos con forma **regular** son:
  - Terminación *–ar*: [4] ...., [5] ...., [6] ...., [7] ...., [8] ...., *trabajar...*
  - Terminación *–er*: [9] ...., *beber, aprender, responder...*
  - Terminación *–ir*: [10] ...., *vivir, abrir, escribir...*

- Los verbos en *–er* / *–ir* tienen las [11] .... terminaciones.

- La forma verbal de la persona de *nosotros/as* del **pretérito indefinido** de los verbos que terminan en *–ar* / *–ir*, es igual que la del [12] .... de indicativo.

CONTINÚA »

x Verbos **irregulares**:

	x Ser / Ir x	x Dar x	x Estar x	x Tener x	x Hacer x
Yo	[13]	[15]	[16]	[18]	[19] ....
Tú	fuiste	diste	estuviste	tuviste	hiciste
Él/ella/usted	fue	dio	estuvo	tuvo	[20] ....
Nosotros/as	[14]	dimos	[17]	tuvimos	hicimos
Vosotros/as	fuisteis	disteis	estuvisteis	tuvisteis	hicisteis
Ellos/ellas/ustedes	fueron	dieron	estuvieron	tuvieron	hicieron

• Los verbos [21] .... / [22] .... comparten la misma forma en el pretérito indefinido.

>| **2** | 🌐 📖 Las siguientes palabras y expresiones son marcadores temporales de pretérito indefinido. Ordenadlos cronológicamente teniendo en cuenta la fecha de hoy. Podéis usar el diccionario.

> x ayer   x el mes pasado   x anoche   x anteayer   x la semana pasada   x el otro día

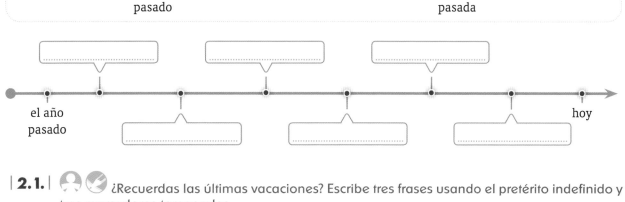

el año pasado

hoy

|**2.1.**| 👤 💬 ¿Recuerdas las últimas vacaciones? Escribe tres frases usando el pretérito indefinido y tres marcadores temporales.

1 ....
2 ....
3 ....

|| Grupo cooperativo ||

>| **3** | 🌐 💬 En la página siguiente tenéis información sobre algunos lugares hispanos de interés. Cada grupo tiene que escribir un blog de viaje explicando lo que hizo, como en la actividad 1.

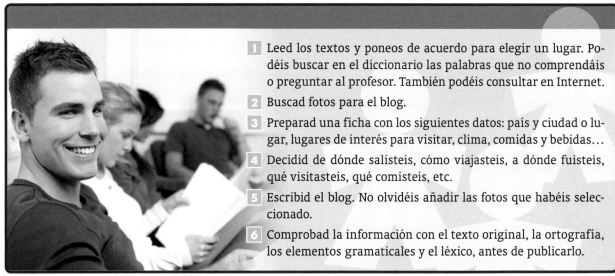

1 Leed los textos y poneos de acuerdo para elegir un lugar. Podéis buscar en el diccionario las palabras que no comprendáis o preguntar al profesor. También podéis consultar en Internet.

2 Buscad fotos para el blog.

3 Preparad una ficha con los siguientes datos: país y ciudad o lugar, lugares de interés para visitar, clima, comidas y bebidas…

4 Decidid de dónde salisteis, cómo viajasteis, a dónde fuisteis, qué visitasteis, qué comisteis, etc.

5 Escribid el blog. No olvidéis añadir las fotos que habéis seleccionado.

6 Comprobad la información con el texto original, la ortografía, los elementos gramaticales y el léxico, antes de publicarlo.

LANZAROTE, islas Canarias. España

Lanzarote está ubicada a 130 km de la costa de África. Es la isla más oriental de las islas Canarias. El clima de Lanzarote es muy suave. Su temperatura media anual es de 22 °C, las lluvias son escasas y caen en invierno principalmente. Entre los lugares de interés nos encontramos con el Parque Nacional de Timanfaya donde se puede observar una gran variedad de fenómenos geológicos relacionados con su naturaleza volcánica; la Laguna Verde, una laguna de color verde debido a las algas que hay en su superficie, que está situada en el cráter conocido como "El Golfo" y que se encuentra a nivel del mar. Otro lugar muy interesante es El Jardín de Cactus, creado por el arquitecto César Manrique, y que cuenta con una extensa variedad de cactus. Es obligada la visita a la ciudad de Teguise, que fue la capital de Lanzarote hasta 1852. La costa de Tinajo es una de las mejores zonas de Europa para la práctica del surf.

En cuanto a la gastronomía, los platos típicos son el sancocho, el gofio, las papas arrugás y el queso canario.

Como medio de transporte se recomienda alquilar un coche porque son muy baratos en la isla, así como los precios del combustible. También podemos usar el medio de transporte típico de las islas Canarias: las guaguas. ■

Adaptado de http://www.lanzarote.com/es/

ISLAS CANARIAS — Lanzarote

Timanfaya

Gofio

Ciudad de GUANAJUATO, Guanajuato. México.

La ciudad de Guanajuato es una ciudad histórica y pintoresca con plazas pequeñas, calles empedradas y casas de fachadas color pastel. Está situada a cinco horas de Ciudad de México. En 1988, la UNESCO declaró a Guanajuato "Patrimonio de la Humanidad". Algunos lugares de interés para visitar son: la basílica colegiata de Nuestra Señora de Guanajuato; el mercado Hidalgo, que es el principal de la ciudad; la casa-museo de Diego Rivera, donde nació el pintor; el museo de las Momias, que fue el cementerio de Guanajuato hasta 1865; las minas de Guanajuato, donde se descubrieron vetas de oro y plata... El Festival Internacional Cervantino (FIC) es un festival cultural, musical y teatral muy prestigioso que se celebra todos los años en el mes de octubre. Guanajuato tiene un clima agradable con temperaturas que oscilan entre los 12 y 24 grados durante todo el año. En su gastronomía destacan las carnitas de cerdo estilo Jalisco (rojas), los chicharrones, el pan de maíz, las enchiladas, las frutas en vinagre de piña y manzana, y el mole rojo. ■

Adaptado de http://www.donquijote.org/spanish/la/city.guanajuato.asp

MÉXICO

Guanajuato

Nuestra Sra. de Guanajuato

CERVANTINO — Festival Internacional

HONDURAS. América Central.

Honduras es el único país de América Central que no tiene volcanes. La capital de Honduras, Tegucigalpa, es la ciudad más poblada del país. Allí podemos disfrutar de numerosas actividades culturales y de ocio, así como de actividades de aventura y naturaleza... Entre los edificios de interés, están el antiguo Paraninfo Universitario, que ahora es un museo de arte; el moderno Palacio Legislativo y la Casa Presidencial; la Iglesia de San Francisco, del siglo XVI, la más antigua de Tegucigalpa... Otras ciudades importantes de Honduras son: Copán, antigua ciudad maya; Ceiba que es una ciudad joven y dinámica; San Pedro Sula, la capital industrial de Honduras; Tela, ciudad portuaria... En gastronomía, destacan platos como la sopa de caracol y la sopa de mondongo, los tamales, la carne asada, las baleadas y el pan de coco. El pinol es una bebida elaborada con leche y maíz; es costumbre tomar café a todas horas. El clima hondureño es tropical, de altas temperaturas, pero en las montañas el clima es más templado. La estación seca va de noviembre a abril, mientras que la húmeda va de mayo a octubre. ■

Adaptado de http://visitehonduras.com/

San Pedro Sula — Tela — Ceiba — Copán — Tegucigalpa — HONDURAS

Copán

San Pedro Sula

CONTRASTE /n/ Y /ñ/

>| **1** | 👤🔊 El sonido /ñ/ es característico del castellano. Escucha y repite.
|50|

>| **2** | 👤🔊 Numera las siguientes palabras según el orden en el que aparecen. Observa la diferencia de
|51| pronunciación entre /n/ y /ñ/.

- ☐ peña
- ☐ cana
- ☐ mano
- ☐ Miño
- ☐ maño
- ☐ mino
- ☐ caña
- ☐ pena

>| **3** | 👤🔊 Escucha y completa los siguientes pares de palabras con consonantes. Ten en cuenta que, en cada
|52| par, una de las palabras siempre va a contener la ñ y la otra puede contener cualquier consonante.

ni☐o / ni☐o   ca☐o /ca☐o   u☐a / hu☐a

Espa☐a /espa☐a   mo☐o /mo☐o   ba☐a / ba☐a

¿Qué he aprendido?

1 En esta unidad has aprendido un nuevo tiempo verbal. ¿Cómo se llama? ¿Para qué lo usamos?

....

2 Lee los siguientes marcadores, señala el intruso y justifica tu elección. Luego, ordénalos cronológicamente, desde el más lejano en el tiempo al más cercano.

> ayer • el año pasado • hoy • la semana pasada • el otro día • anoche • anteayer • el mes pasado

....

3 Escribe dos verbos con formas regulares en el pretérito indefinido y dos con formas irregulares, y conjúgalos.

	Verbo (regular)	Verbo (regular)	Verbo (irregular)	Verbo (irregular)
Yo				
Tú				
Él/ella/usted				
Nosotros/as				
Vosotros/as				
Ellos/ellas/ustedes				

4 Escribe cinco palabras relacionadas con las vacaciones y los viajes.

....

5 Las estrategias que me proporciona esta unidad…

		Sí	Bastante	Un poco

1 ...me aportan ideas para recordar el léxico que aprendo. . . . . ◯ . . . ◯ . . . ◯

2 ...me ayudan a elaborar un discurso coherente, organizando y estructurando las ideas. . . ◯ . . . ◯ . . . ◯

3 ...me ayudan a realizar las tareas sin entender todas las palabras de un texto. . . . . . ◯ . . . ◯ . . . ◯

6 ¿Qué apartado de esta unidad te ha resultado más fácil? ¿Y el más difícil? ¿Por qué?

....

10 ¡MAÑANA ES FIESTA!

Contenidos funcionales
- Dar/pedir opinión.
- Expresar acuerdo y desacuerdo.
- Dar instrucciones.
- Formas para expresar la negación.

Contenidos gramaticales
- *Creo que/Pienso que/Para mí* + opinión.
- Verbo *parecer*.
- *Yo estoy de acuerdo con/No estoy de acuerdo con* + opinión.
- La negación.
- Imperativo afirmativo: regulares y algunos irregulares.

Tipos de texto y léxico
- Artículo.
- Mensajes y opiniones en un foro.
- Léxico de días festivos.

El componente estratégico
- Recursos para reflexionar sobre los hábitos de aprendizaje de la lengua.
- Identificación de herramientas y estrategias que faciliten el aprendizaje.

Contenidos culturales
- Días festivos y vacaciones en España.
- Días internacionales dedicados a causas concretas.

Fonética
- El seseo.
- Variedades del español.

DÍAS DE FIESTA

> | 1 | ¿Te gustan los días de fiesta? ¿Qué haces de diferente a los días laborables? Comentad la ilustración. ¿Os parece un día festivo o laborable? ¿Por qué?

| 1.1. | Vas a escuchar una entrevista que hace una periodista para un programa de opinión a las personas que pasan por la calle. Escribe las cinco preguntas que hace la periodista para pedir la opinión.

|53|

Preguntas

1
2
3
4
5

1	
2	
3	
4	
5	

| 1.2. |  | 53 | Vuelve a escuchar la entrevista y anota en la tabla anterior las cinco respuestas de los entrevistados.

| 1.3. | Ahora vais a leer la entrevista. Fijaos en las palabras que están resaltadas en verde.

🎙 ¿Qué opina de **los días festivos?**

Sara, 32 años

A mí me gustan los días festivos porque puedo disfrutar con mi hijo. Pero no me gustan las vacaciones escolares, porque si mi hijo tiene fiesta y mi marido y yo no, es un problema…

¿Cree que los niños tienen muchos días de fiesta?

Sí… Yo pienso que los niños en la escuela tienen muchas fiestas. Yo no estoy de acuerdo con este sistema… A ver… Me encanta estar con mi hijo, pero tantos días de fiesta…, ¿quién cuida del niño? ■

🎙 **Y usted, ¿qué piensa de los días festivos?**

Juan, 69 años

Yo no sé si en España tenemos muchos días festivos o pocos. A mí me parece que no están mal… Bueno, como ahora no trabajo, para mí todos los días son festivos… ■

🎙 ¿Qué te parecen **los días de fiesta?**

Marisol, 14 años

Para mí, los días festivos son los mejores del año. Puedes levantarte tarde, ver la tele, salir con los amigos… ¿Sabes qué piensa mi madre? Pues todo lo contrario. Ella opina que lo mejor son los días laborables… ¡Qué horror! ¿Qué te parece? ■

🎙 ¿Qué piensas de **los días festivos?**

Ángel, 41 años

Bueno… Todos mis amigos dicen que en España están muy mal repartidos los días festivos… Eh, eh, creo que tienen razón, pero mi pareja y yo somos profesores y tenemos las mismas fiestas que los niños… ¡Para nosotros es fantástico!, ¿verdad? ■

| 1.4. | A continuación, leed el cuadro y completadlo con las expresiones en verde del texto anterior, según corresponda.

Para dar y pedir una opinión

✗ Para **dar** una opinión:

- (Yo) [1] ....
- (Yo) creo que
- [2] ....
- [3] ....
- [4] Opino/

+ opinión

✗ Para **pedir** una opinión:

- ¿[5] .... /opinas de
- ¿[6] ....
- ¿[7] .... /
- ¿[8] .... /

+ tema?

CONTINÚA »

✕ Para **mostrar acuerdo** respecto a la opinión:

• **Estoy** (totalmente) **de acuerdo** (**con** este sistema/contigo/con usted…).

– *Estoy totalmente de acuerdo contigo.*

✕ Para **mostrar acuerdo parcial**:

• [9] .... /tiene .... …

✕ Para **mostrar desacuerdo** con las opiniones de otros:

• (Yo) [10] .... (**con** este sistema/contigo/con usted…) porque…

• ¡Ni hablar!

Fíjate

El verbo *parecer* se construye igual que el verbo *gustar*:

– *(A mí)* **me parece** *una buena idea./(A mí)* **me gusta** *la idea.*
– *(A nosotros)* **nos parece** *una buena idea./ (A nosotros)* **nos gusta** *la idea.*
– *(A mí)* **me parecen** *unas medidas muy razonables./(A mí)* **me gustan** *estas medidas.*

> | **2** | 👤🔊 Ahora vas a participar en un foro de padres que tienen niños en edad escolar y que hablan sobre las vacaciones. Escribe tu opinión en el foro y argumenta con las estructuras que has aprendido tu acuerdo total, parcial o tu desacuerdo con sus opiniones.

● ● ●   Foro de las vacaciones con niños

http://www.nuestraescuela.net

Foro > Vacaciones escolares

Raúl dice…
Yo soy padre de tres hijos de 7, 10 y 11 años. Las vacaciones escolares empiezan sobre el 21 de junio y terminan sobre el 12 de septiembre. ¿No creéis que son excesivos estos casi tres meses de vacaciones escolares de verano? Creo que es una pausa excesivamente larga.

....
....

Rosa dice…
Soy profesora de una escuela de primaria. Estoy de acuerdo con el periodo de vacaciones de verano porque, de este modo, los profesores tenemos tiempo para preparar las clases durante el mes de julio, y a principios de septiembre ya estamos en el centro organizando el curso.

....
....

María dice…
Yo soy una madre afectada por el periodo de vacaciones escolares. Siempre tengo que llevar a mis hijos a campamentos, o los abuelos tienen que cuidar de ellos. Además, a mí me parece que en casi tres meses, los niños se olvidan de lo que han estudiado.

....
....

Pilar dice…
Como madre trabajadora opino que hay desajuste entre los horarios y las vacaciones escolares de los niños y los horarios laborales de los padres y madres. Pero pienso que es un problema social. Me parece que hay que compatibilizar los horarios laborales para que los adultos puedan atender a sus hijos y los centros tienen que ofrecer actividades extraescolares gratuitas para los hijos.

....
....

| **2.1.** | ¿Qué piensas de cómo están planificadas las vacaciones escolares en España? ¿Y en tu país? ¿Qué opinan los padres?

¡NI HABLAR!

> | **1** | 🙂 🔊 Escucha los siguientes diálogos y anota a qué situación corresponden. ¿Sabes lo que tienen
| 54 | en común?

Diálogo

1 Marta y Sergio son novios y están enfadados. . . . . ○

2 Ernesto está en casa de su abuela. . . . . ○

3 Tania y Marta hablan sobre las vacaciones de sus hijos. . . . . ○

4 Ana se ha enfadado con su mejor amiga y se lo cuenta a su madre. . . . . ○

| Intercultura |

En español existen diferentes formas de decir **no**. Normalmente es muy difícil escuchar a un hablante de español decir solamente **no**. **¿Pasa lo mismo en tu país?**

| **1.1.** | Ahora, leed los diálogos y subrayad las palabras o expresiones que indican negación.

A Ana se ha enfadado con su mejor amiga y se lo cuenta a su madre.

- ¡María es insoportable! Siempre se ríe de mí.
- Bueno, bueno, no lo creo. Ya sabes que ella es muy bromista y le encanta divertirse. Tienes que hablar con ella y decirle que estás molesta.
- ¡Ni hablar! No quiero ni verla.

B Marta y Sergio son novios y están enfadados.

- ¿Por qué te enfadas ahora, Sergio?
- ¿Que por qué me enfado? No, por nada… Solamente que en media hora quedamos con María y Miguel para ir al cine, y ahora me dices que no puedes ir.
- Lo siento…
- Siempre es lo mismo. ¡Nunca se puede hacer planes contigo!
- ¡Anda! ¡Solo es hoy, que no puedo!
- ¡Que no! Ni hoy ni nunca.

C Ernesto está en casa de su abuela.

- ¿Quieres comer algo más?
- No, gracias, abuela, no tengo hambre.
- Pero si no comes nada. ¿De verdad que no tienes hambre?
- Que no, abuela, que no quiero nada.

D Tania y Marta hablan sobre las vacaciones de sus hijos.

- Este año mis niños van a pasar las vacaciones de verano con sus abuelos… ¿Y los tuyos?
- No lo sé. El año pasado fueron a un campamento y lo pasaron muy mal, así que no los vuelvo a llevar nunca jamás. ¡Fue horrible!

| **1.2.** | 🌐 ⚙️ Comparad las palabras o expresiones de negación que habéis subrayado y clasificadlas en el cuadro según corresponda.

Expresar negación

✕ Negación débil o neutra ✕	✕ Negación fuerte ✕	✕ Doble negación ✕
• Bueno, bueno, no…	• ¡[3] ....!	• [6] .... + verbo + ...
• [1] .... + información	• [4] *No quiero ni* + infinitivo	• [7] ....
• [2] .... + información	• ¡[5] ....!	• [8] ....

| **1.3.** | 🌐 🔊 Ahora, escuchad los diálogos otra vez, y comprobad vuestra clasificación.
| 54 |

Al escuchar, presta especial atención a la intensidad en la entonación de la negación, así puedes saber si la negación es débil, neutra o fuerte.

| **Intercultura** |

| **1.4.** | 🌐 💬 Poned en común todas vuestras respuestas y comparad los tipos de negación que se dan en español con los de vuestra lengua. ¿Qué diferencias hay? Luego escribe en este cuadro las conclusiones.

En español	En tu lengua
Negación débil o neutra ➜	
Negación fuerte ➜	
Doble negación ➜	

| **Grupo cooperativo** |

> | **2** | 🌐 💬 Vamos a decidir qué días deben ser festivos en todo el mundo.

1. Dividid la clase en tres grupos: A, B y C.

2. El profesor os va a entregar una ficha con catorce días internacionales dedicados a una causa. Leed las explicaciones que se dan.

3. Una vez leída la ficha, escoged siete fechas para proponer como festivos en todo el mundo. Hay que pensar en las razones de por qué deben ser festivos y ponerse de acuerdo entre los miembros del grupo.

4. Un delegado de cada equipo escribe en la pizarra las propuestas de su grupo.

5. Una vez escritas las tres listas, haced una lista única escribiendo, en primer lugar, las fechas en las que coincidís todos los grupos, y discutiendo y llegando a un acuerdo final sobre el resto de fechas. Argumentad vuestras explicaciones e intentad convencer a los otros grupos de que los días que habéis escogido son más importantes.

Yo pienso que el Día Internacional de la Lengua Materna tiene que ser festivo, porque la lengua es muy importante para comunicarnos…

Yo no estoy de acuerdo, creo que es más importante el Día de los Docentes porque ellos nos enseñan mucho.

Sí, yo estoy de acuerdo con Ana./No, yo no, ¡ni hablar!

> **1** 👤🔊 La página web *www.saltamontes.es* propone unos consejos para viajar a Sudamérica. Escu-
|55| cha y relaciona los mensajes con los consejos.

● ● ○

Recorre Sudamérica

http://www.saltamontes.es

| Archivos | **Mayo** | Junio | Agosto | Octubre |

Recorre Sudamérica

La aventura llamada Sudamérica, todo lo que buscas y más

Muchos turistas viajan a Sudamérica desde Argentina hasta Colombia, descubriendo los Andes, la belleza de sus playas, la alegría de su gente, su música y gastronomía, sus costumbres y lo mejor de su folklore y forma de vida. El idioma más hablado es el español, seguido del portugués, muy poco del inglés y, por supuesto, de las lenguas indígenas. No lo pienses más, presta atención a los siguientes consejos y lánzate a la aventura sudamericana. ■

Adaptado de http://www.saltamontes.es/10-tips-para-recorrer-sudamerica

Mensajes

1 **Planea** tu ruta. . . . . ☐
2 **Piensa** en cuánto tiempo necesitas para el viaje. . . . . ☐
3 **Haz** el presupuesto del dinero que vas a gastar. . . . . ☐
4 **Calcula** el dinero en dólares. . . . . ☐
5 **Vacúnate**. . . . . ☐
6 **Crea** tu propio blog. . . . . ☐
7 **Controla** tus visados. . . . . ☐
8 **Viaja** ligero de equipaje. . . . . ☐
9 **Toma** precauciones para viajar seguro. . . . . ☐
10 **Haz** amigos durante el viaje. . . . . ☐

El imperativo

✗ Las palabras en negrita son una nueva forma verbal que se llama **imperativo**. Lo utilizamos en español, entre otros usos, para dar instrucciones, órdenes y consejos.

| 1.1. | 🎲🌐 ¿Qué consejos os parecen más útiles? ¿Cuáles son los más importantes para viajar a Sudamérica? ¿Se os ocurren otros?

| 1.2. | 👤⚙ Observa con atención el cuadro sobre el imperativo afirmativo y completa con alguna de las formas anteriores.

El imperativo afirmativo

	✗ Verbos en **–ar** ✗	✗ Verbos en **–er** ✗	✗ Verbos en **–ir** ✗
Tú	[1]	com**e**	sub**e**
Usted	viaj**e**	com**a**	sub**a**
Vosotros/as	viaj**ad**	com**ed**	sub**id**
Ustedes	viaj**en**	com**an**	sub**an**

✗ **Formas irregulares**

• Los verbos que tienen una irregularidad vocálica en **presente** de indicativo mantienen el cambio vocálico en imperativo: *cierra, pide, cuenta, empieza,* [2] .... , *sirve...*

• En el **imperativo afirmativo** los pronombres siempre van después del verbo y forman una sola palabra: *siénta**te**, sígue**me**, sírvan**se**,* [3] .... , *cuénta**selo**...*

Recuerda

En Argentina y en otros lugares de Hispanoamérica, el pronombre personal de segunda persona de singular es **vos** y no **tú**. *Vos* tiene formas verbales propias también en imperativo: *subí vos, prepará vos, comé vos, seguí vos…*

| 1.3. | A continuación tienes algunos verbos irregulares en imperativo afirmativo que son de uso frecuente. Completa la tabla con las formas del recuadro.

> ✗ tened   ✗ venid   ✗ haz   ✗ ve   ✗ ponga   ✗ sal

Otros verbos irregulares frecuentes de imperativo

✗ Ir ✗	✗ Venir ✗	✗ Poner ✗	✗ Hacer ✗	✗ Tener ✗	✗ Salir ✗
[1]	ven	pon	[4]	ten	[6] ....
vaya	venga	[3]	haga	tenga	salga
id	[2]	poned	haced	[5]	salid
vayan	vengan	pongan	hagan	tengan	salgan

Intercultura

| 1.4. | Dad consejos para viajar a vuestros países. ¿Son diferentes a los que habéis leído antes? Comentádselo al resto de la clase y comparadlos.

>| 2 | Si quieres darte de baja o eliminar tu cuenta de Facebook, debes seguir los siguientes pasos. Observa la forma para dar instrucciones y subraya todas las formas verbales que se usan.

➤ Inicia sesión en la cuenta de Facebook que quieres dar de baja.

➤ Haz clic en la pequeña flecha al lado de *Inicio* (arriba a la derecha) y selecciona *Configuración de la cuenta.*

➤ En la columna de la izquierda, haz clic en *Seguridad*, y en la parte inferior del panel de la derecha *Desactivar cuenta.*

➤ En la ventana que se abre, marca una de las casillas para indicar el motivo por el que quieres desactivar tu cuenta. Luego pulsa *Confirmar.*

➤ En la ventana que se abre, escribe tu contraseña y haz clic en *Desactivar.*

➤ Va a aparecer un mensaje indicando que tu cuenta ha sido desactivada. Si algún día quieres reactivarla, simplemente inicia sesión utilizando tu correo electrónico y tu antigua contraseña.

| 2.1. | Ahora, tomando como modelo el texto anterior, escribid las instrucciones para hacer lo que os proponemos.

> ✗ Enviar un mensaje SMS.   ✗ Otras de vuestra elección:
> ✗ Abrir un paraguas.   ....
> ✗ Comer un helado.   ....
> ✗ Cortar el pelo.   ....

Intercultura

>| 3 | ¿Dónde podemos leer instrucciones? ¿Cómo se dan órdenes o instrucciones en tu lengua? ¿Existe en tu lengua un tiempo verbal equivalente al imperativo?

¿QUÉ TIPO DE ESTUDIANTE ERES?

> | 1 | Un profesor de español como lengua extranjera ha escrito este artículo sobre los diferentes tipos de aprendizaje de los estudiantes que tiene en su clase. Léelo con atención y escribe el tipo de estudiante que está comentando, en el lugar que corresponda según el texto.

- × traductor
- × gramático
- × cooperativo
- × memorista
- × comunicativo

No todos los estudiantes son iguales

Cuando uno estudia y habla una lengua extranjera, realiza una inmersión en su cultura, se convierte en plurilingüe y desarrolla habilidades interculturales. Aprender una lengua es salir a descubrir a otros, conocer su manera de vivir, de pensar, de expresarse. Todos sabemos que hay muchas y diferentes formas de aprender una segunda lengua, ya que cada persona tiene una manera de estudiar, unas costumbres, unas habilidades y unos objetivos diferentes. Así pues, en las aulas nos podemos encontrar estudiantes con diferentes formas de aprender.

En un aula, tenemos alumnos que prefieren aprender a través de un estudio basado en el aprendizaje y aplicación de las reglas gramaticales. Estos estudiantes suelen hacer muchos ejercicios para aplicar las reglas, estudian muchas estructuras y también mucho vocabulario. Aprenden la lengua con el objetivo de adquirir una buena competencia lingüística (el ....).

Hay otros estudiantes que prefieren aprender a partir de la traducción. Su interés se centra en la comparación entre su lengua materna y la que están estudiando. El estudio de la gramática comparada les ayuda a avanzar y mejorar su aprendizaje. Para estos estudiantes, el diccionario se convierte en una estrategia muy importante para aprender y suelen hacer un buen uso de él (el ....).

Otros alumnos tienen como objetivo la comunicación; su interés se centra en el aprendizaje de estructuras que sirven para comunicarse (funcionales) pero también están interesados en aprender el sistema de la lengua. Buscan adquirir conocimientos suficientes para comunicarse de manera competente con hablantes nativos (el ....).

También encontramos a estudiantes que disfrutan con las actividades en grupo. Les gusta la interacción, las relaciones afectivas con sus compañeros, la colaboración en las tareas… Quieren aprender de sus compañeros y el resultado de su trabajo es colectivo porque requiere la responsabilidad, el trabajo y la ayuda de todos los estudiantes del grupo (el ....).

Algunos estudiantes aplican la técnica de la memorización. Memorizar de manera automatizada no es muy útil. Sin embargo, estos alumnos suelen sintetizar la materia de manera ordenada y hacer resúmenes. También recuerdan ideas específicas, imágenes, hacen asociaciones…, y, a partir de ahí, pueden recordar otros detalles que por sí solos tal vez no recordarían. Trucos para agilizar la memoria que a muchos les dan muy buen resultado (el ....).

| 1.1. | Ahora, comparad vuestras respuestas y, entre todos, responded a las siguientes preguntas.

1 ¿Qué tipo de estudiante creéis que puede aprender más?

2 ¿Alguno sabrá más gramática? ¿Cuál/es?

3 ¿Creéis que el estudiante cooperativo aprende menos que el estudiante que trabaja individualmente? ¿Por qué?

4 ¿Qué pensáis sobre aprender de memoria? ¿Alguna vez lo habéis practicado? ¿Os acordáis de lo que aprendisteis? ¿Por qué?

5 ¿Ha cambiado vuestra forma de aprender durante este curso?

| Sensaciones |

| 1.2. |  Ahora, escribe un texto breve sobre ti mismo, sobre tu manera de aprender español: tus hábitos, tus estrategias, tus características... Te servirá de muestra el artículo del profesor de español. No debes poner título a tu texto.

| 1.3. | Intercambia tu descripción con un compañero. Lee su descripción y ponle un título.

| 1.4. | Leed en voz alta los perfiles y entre todos decidid qué perfil es más común en la clase. ¿Cómo sería el perfil del estudiante perfecto?

>| 2 | Vamos a elaborar un decálogo de instrucciones para un estudiante de español. Decid qué estrategias, herramientas, hábitos o actitudes son necesarias para estudiar una segunda lengua. Os damos algunas sugerencias pero hay muchas más.

- ☐ Busco y hago ejercicios en Internet.
- ☐ Utilizo un diccionario electrónico para traducir los textos antes de ir a clase.
- ☐ Tengo un perfil en una red social para hablar con amigos en español.
- ☐ Tengo un amigo de Ecuador y hablo con él en español.
- ☐ Para practicar la fonética veo una serie de televisión y repito en voz alta todos los diálogos.
- ☐ Estudio con un manual de gramática con traducciones a mi lengua.

(...)

| 2.1. | Compartid las conclusiones de cada grupo y elaborad un cartel para la clase con los diez mejores consejos que se han mencionado en la conversación.

Ejemplo: ***Utiliza*** *Internet para completar tu formación de clase.*

>> VARIEDADES DEL ESPAÑOL

>| 1 | |56| La pronunciación del español varía según el origen del hablante. Vas a escuchar una serie de palabras pronunciadas dos veces: una vez por un español y la otra por una persona de otro país. ¿Cuál es la principal diferencia que observas? Escúchalas con atención.

> ✕ azúcar ✕ pesadilla ✕ hacer ✕ ceniza ✕ cereza ✕ gracias

Recuerda

El seseo alcanza a todas las regiones de Hispanoamérica, el centro-sur de España y las islas Canarias. Consiste en pronunciar el sonido /s/ en lugar del correspondiente sonido /θ/.

>| 2 | |57| Vas a escuchar tres textos diferentes. Presta atención y subraya las palabras que escuchas.

Texto 1

casa • cocina • yo
almorzar • cena • azul

Texto 2

nubes • principio • razón
vastas • desaprobaba • volar

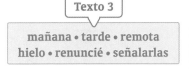

Texto 3

mañana • tarde • remota
hielo • renuncié • señalarlas

> | **3** | ¿Podríais identificar de dónde son las personas que habéis escuchado anteriormente? ¿Qué os lleva a esa conclusión?

> | **4** | | 57 | Volved a escuchar la audición y, en grupos, haced un listado de las principales diferencias que habéis observado entre los distintos hablantes de español. Tened en cuenta los siguientes puntos:

a La pronunciación: reconocimiento del seseo.

b El vocabulario: palabras que os llamen la atención.

c Entonación: si la curva melódica es más o menos acentuada (exagerada) que en la variedad de España.

¿Qué he aprendido?

1 Clasifica las siguientes estructuras en la columna correspondiente.

> Sí, claro, pero... • ¿(Tú) qué dices? • Ni hablar • (Yo) creo que... • (Yo) no estoy de acuerdo con...
> ¿A ti qué te parecen? • Yo estoy de acuerdo con... • Para mí,...

Dar una opinión	Pedir una opinión	Mostrar acuerdo o acuerdo parcial	Mostrar desacuerdo o desacuerdo parcial

2 Escribe los usos del imperativo que has aprendido en esta unidad.

....

3 Escribe las instrucciones para poner en marcha una lavadora.

....
....
....

4 Completa este diálogo según la situación que se describe.

Estás en casa de tu amiga, te ofrece comida pero tú no tienes hambre.
Tu amiga: *¿Quieres comer algo?*
Tú: ....
Tu amiga: *Nunca quieres comer nada. ¿De verdad que no tienes hambre?*
Tú: ....

5 Reflexionar sobre el tipo de estudiante que soy cuando estudio español me ayuda a...:

	Mucho	Bastante	Un poco
1 ...tomar conciencia sobre mis hábitos de aprendizaje.	○	○	○
2 ...saber qué ámbito de la lengua valoro más: gramatical, comunicativo...	○	○	○
3 ...encontrar recursos que me faciliten el aprendizaje.	○	○	○
4 ...intercambiar opiniones con mis compañeros de estudios y conocer sus estrategias y recursos para aprender la lengua.	○	○	○

6 Utiliza las formas de opinión que has aprendido para valorar tu aprendizaje a lo largo de este nivel. ¿Qué es lo más fácil para ti? ¿Y lo más difícil?

....
....
....
....

A1

PREPÁRATE PARA EL DELE

LOS EXÁMENES DELE[1]

Los Diplomas de Español como Lengua Extranjera (DELE) son títulos oficiales, acreditativos del grado de competencia y dominio del idioma español, que otorga el Instituto Cervantes en nombre del Ministerio de Educación de España.

El diploma **DELE A1** acredita que el alumno es capaz de desenvolverse en situaciones de comunicación que tengan que ver con necesidades inmediatas o con temas muy cotidianos con un lenguaje elemental.

El examen DELE A1 consta de cuatro pruebas, clasificadas en dos grupos (Grupo 1: pruebas 1 y 3. Grupo 2: pruebas 2 y 4).

- Prueba 1: Comprensión de lectura (45 minutos).
- Prueba 2: Comprensión auditiva (20 minutos).
- Prueba 3: Expresión e interacción escritas (25 minutos).
- Prueba 4: Expresión e interacción orales (15 minutos).

A continuación, te ofrecemos un modelo de examen DELE A1 que reproduce un examen real y con el que puedes conocer su formato. También puede servirte de práctica en el caso de que desees presentarte a estos exámenes para obtener el diploma.

Te recomendamos que respetes los tiempos indicados para cada prueba.

[1] Información sobre el examen y las especificaciones de las pruebas, adaptadas de http://diplomas.cervantes.es/index.jsp

PRUEBA 1. COMPRENSIÓN DE LECTURA

La prueba 1 consta de cuatro tareas y dura 45 minutos.

Número de ítems: 25.

Las tareas, realizadas a partir de textos sencillos, breves y de uso muy corriente de distinto carácter (narrativos, descriptivos e informativos –notas, avisos, cartas, comunicaciones, guías de hoteles, menús...–) y generalmente con apoyo visual, consisten en:

- comprender mensajes breves y sencillos;
- reconocer nombres, palabras o frases;
- captar el sentido general de un texto;
- extraer información específica.

Deberá contestar a preguntas de selección múltiple, relacionar textos con imágenes, completar enunciados, localizar información, etc.

Tarea 1

Instrucciones

> **1** Lea este mensaje de correo electrónico. A continuación, responda a cinco preguntas sobre el texto. Elija la respuesta correcta (a, b, c, o d).

¡Preciosa Córdoba!

ENVIAR | DE: iriagc@hmail.com | PARA: rosaop@hmail.com / jmcastro@hmail.com / yolandart@hmail.com

¡Hola, chicos!

Os escribo desde Córdoba, una ciudad maravillosa en el sur de España. Ayer llegué desde Sevilla, y estoy disfrutando al máximo de todos sus rincones: los patios adornados de flores, los barrios más emblemáticos como el de Santa Marina y San Agustín... Mañana visito la Mezquita, con un guía que desde hace muchos años explica la historia de este templo arábigo-andaluz. Por la tarde, mi idea es pasear con mi amigo Rafael por la zona antigua de la ciudad, por el puente romano o Viejo, a orillas del río Guadalquivir...

Ahora, solo me falta visitar Granada y después ya regreso a casa. Estoy tan a gusto aquí, de vacaciones, conociendo lugares tan bonitos y rodeada de gente tan simpática, que no tengo ganas de volver a casa...

Bueno, no me pongo triste, que todavía me quedan tres días y dicen que Granada es también una ciudad preciosa. Mi plan allí es encontrarme con varios amigos, conocer la Alhambra, y probar ricas tapas.

Un fuerte abrazo,

Iria

Preguntas

1 Iria viaja en este orden…
- ○ **a.** Granada, Córdoba y Sevilla.
- ○ **b.** Sevilla, Córdoba y Granada.
- ○ **c.** Córdoba, Granada y Sevilla.
- ○ **d.** Córdoba, Sevilla y Granada.

2 En Córdoba visita…
- ○ **a.** La Alhambra y el barrio de San Agustín.
- ○ **b.** La Mezquita y la Alhambra.
- ○ **c.** La Mezquita y el barrio de San Agustín.
- ○ **d.** La Mezquita, La Alhambra y el barrio de San Agustín.

3 Iria pasea por las calles de Córdoba con…
- ○ **a.** una amiga.
- ○ **b.** un primo.
- ○ **c.** unos amigos.
- ○ **d.** un amigo.

4 En Córdoba está…
- ○ **a.** cinco días.
- ○ **b.** dos días.
- ○ **c.** tres días.
- ○ **d.** cuatro días.

5 ¿Cuál de las siguientes fotos corresponde al viaje de Iria a Granada?

○ **a.**  ○ **b.**  ○ **c.**  ○ **d.**

Tarea 2
Instrucciones

> 2 Lea estas notas. Relacione cada nota con la frase correspondiente. Hay tres notas que no debe seleccionar.

A
Comprar ingredientes para tacos.

B
Se paga en la barra. Muchas gracias.

C
Cine: *La piel que habito.* Viernes a las 20:15h.

D
Comprar una mochila y zapatillas deportivas para el viaje.

E
Calle 13, grupo de Puerto Rico, el sábado a las 22:15h.

F
Oferta única: billete de avión a Bogotá a partir de 399 euros.

G
Escribir a Ana y a Adrián para quedar mañana.

H
Comprar pastillas para el dolor de cabeza.

I
Llamar a mi madre esta tarde.

J
Un kilo de naranjas para el zumo.

0 Ir al supermercado. .... *A*

6 Ir a un concierto. .... ☐

7 Ver una película. .... ☐

8 Enviar un mensaje de móvil a unos amigos. ...... ☐

9 Hablar por teléfono con un miembro de la familia. .... ☐

10 Ir a la farmacia. .... ☐

11 Ir a la frutería. .... ☐

Tarea 3
Instrucciones

> **3** Lea estos textos con ofertas de viajes. Relacione cada texto con el número correspondiente. Hay **tres ofertas** que no debe seleccionar.

A MÁLAGA
Una ciudad en el sur de España bañada por el mar Mediterráneo; ideal si viajas solo y quieres conocer gente simpática y hospitalaria. Puedes disfrutar del buen tiempo, de las playas en la ciudad y también visitar el museo Picasso de Málaga.

B SAN SEBASTIÁN

Una ciudad emblemática en el norte de España, bañada por el mar Cantábrico; fantástica para una escapada romántica con tu pareja, pasear por sus calles antiguas de piedra y saborear sus pinchos, consideradas pequeñas obras de arte culinarias.

C MACHU PICCHU
Santuario oculto cercano a la ciudad de Cuzco, en Perú; un lugar ideal para visitar con un grupo de amigos y estar rodeado por una selva inmensa de grandes montañas a orillas del río Urubamba.

D LANZAROTE

La isla de Fuego, la más septentrional del archipiélago canario; famosa por sus paisajes volcánicos de tonos ocres y violetas. Un lugar ideal para pasar tus vacaciones, donde puedes combinar naturaleza y ocio, y disfrutar de las vistas montando en camello, ir a la playa y alojarte en lujosos y confortables hoteles.

E CANCÚN
En el estado de Quintana Roo, en México; el mejor lugar del mundo para viajar con toda tu familia, relajarte y pasar unas vacaciones al lado del mar, bañarte en aguas de color turquesa, practicar submarinismo y tumbarte en las arenas finas y blancas de sus playas.

F GRANADA

Una ciudad pequeña, en el interior de Andalucía, llena de encanto y arte donde puedes contemplar La Alhambra, una ciudad amurallada de arte andalusí. Ven solo, con familia, con amigos, con tu pareja... y disfruta de sus sabrosísimas tapas y su gente.

G LA HABANA
La Habana, la ciudad más poblada de Cuba, es el centro administrativo, político, cultural y el principal destino turístico del país. Su mayor atracción es la propia ciudad y su centro histórico, Patrimonio de la Humanidad desde 1982. Tiene 20 kilómetros de playa para disfrutar del mar, bañarte, descansar y practicar el buceo y la pesca.

H BOGOTÁ

La capital de Colombia, una ciudad muy grande con una gran oferta cultural, con museos tan conocidos como el museo Botero, el museo Nacional y parques tan grandes y bonitos como el de Simón Bolívar. Si tienes tiempo para viajar, aprovecha para conocer otras ciudades del país como Medellín, Cartagena de Indias, Cali y los países vecinos como Venezuela, Brasil, Perú, Ecuador o Panamá.

I BUENOS AIRES
La capital de Argentina, la ciudad más grande del país, dividida en 48 barrios donde puedes disfrutar de sus museos, teatros, cines, bibliotecas, exposiciones...
Un lugar maravilloso para los amantes de la buena mesa: pescados, pastas, empanadas... y, si te gusta la carne, Buenos Aires es tu paraíso. ¡Ven y disfruta de sus sabrosísimos asados!

J MADRID

Madrid es la capital y la ciudad más grande de España, y está situada en el centro del país. Una ciudad cosmopolita, con una gran oferta de ocio y tiempo libre. Dos recomendaciones: si te gusta el fútbol, vete a ver un partido del Real Madrid, y si te apasionan los musicales, Madrid te ofrece una amplia oferta de gran calidad.

Quiero viajar solo a una ciudad con buen tiempo, playa, gente simpática y museos interesantes.

No queremos ir a una ciudad; buscamos un lugar rodeado de naturaleza, con selva, de grandes montañas para hacer una ruta.

Planeo un viaje de tres meses, primero a una ciudad grande para disfrutar de su oferta cultural; después quiero conocer otras ciudades del mismo país y sus países vecinos.

Queremos pasar nuestros primeros días de casados en una isla y hacer algo exótico, como pasear en camello y contemplar paisajes volcánicos.

Todavía no sé si voy solo, con amigos o con alguien de mi familia, pero tengo claro que quiero viajar a una ciudad no muy grande, alegre, sin playa, con mucho arte y una gastronomía deliciosa.

Buscamos relax, playas paradisíacas y aguas transparentes y tranquilas para jugar con nuestros niños.

Nos encantan los viajes gastronómicos; ir a una ciudad y explorarla a través de sus restaurantes. Nuestra comida favorita: cualquier plato con carne, es nuestra debilidad.

0	A
12	
13	
14	
15	
16	
17	

Tarea 4

Instrucciones

> **4** Observe el programa semanal de un hotel en Cancún. Complete las frases que aparecen a continuación con la información del texto.

Ejemplo: - *Todos los días el desayuno empieza a las 6:30h.*

PROGRAMACIÓN SEMANAL DE HOTEL EN CANCÚN, ZONA HOTELERA QUINTANA ROO

	6:30-10h	11:30h	14:00h	16:30h	21:00h
Lunes	Desayuno buffet	Submarinismo en el arrecife de Chitales. Pueden ir niños acompañados de sus padres. Salida de la recepción del hotel a las 10:30h.	Comida en el restaurante La Claraboya, cocina internacional hasta las 16:30h.		
Martes	Desayuno buffet		Comida en el restaurante Albatros. Servicio buffet hasta las 15.30h.	Visita a "Jungle Tour". Se recorre la laguna Nichupté en distintas embarcaciones. Salida de la recepción del hotel a las 16:00h.	
Miércoles	Desayuno buffet		Comida en el restaurante México Lindo de especialidades mexicanas hasta las 16:30h.		Espectáculo nocturno: música en vivo con el grupo Mariachis Cancún.
Jueves	Desayuno buffet	Excursión de día entero al Parque Xcaret: nadar con los delfines. Salida del hotel a las 10:15h y regreso a las 17:00h.			Cena en Sr. Foggs, restaurante típico de Cancún que a las 24:00h se convierte en discoteca.
Viernes	Desayuno buffet		Comida en el restaurante Don Quijote, cocina española. Hasta las 17:00h.		
Sábado	Desayuno buffet	Excursión de día entero a Isla Mujeres. Salida de la recepción de hotel a las 10:15h y regreso a las 17:30h.			
Domingo	Desayuno buffet	Excursión de día entero a las ruinas de Chichén Itzá. Salida de la recepción del hotel a las 10:00h y regreso a las 19:30h, después del espectáculo de luz y sonido.			

En el hotel se puede desayunar (18) .... de la semana.

En el Parque Xcaret se puede nadar con (19) ....

Los excursionistas van a Isla Mujeres aproximadamente a las (20) .... y regresan a las (21) ....

El restaurante Sr. Foggs se convierte a las 24:00h en (22) ....

Los niños pueden practicar submarinismo acompañados de sus (23) ....

En el restaurante Don Quijote se pueden probar platos (24) ....

En el restaurante (25) .... ofrecen servicio buffet hasta las 15:30h.

La prueba 2 consta de cuatro tareas y dura 20 minutos.

Número de ítems: 25.

Las tareas, realizadas a partir de textos orales, sencillos, breves, con articulación muy clara y lenta y de distinto carácter, generalmente con apoyo visual, consisten en:

- captar la idea general y datos concisos en conversaciones breves;
- captar la idea general en mensajes o avisos con información específica;
- comprender enunciados sencillos, conocidos y cotidianos;
- captar la idea general de discursos sencillos.

Deberá contestar a preguntas de selección múltiple, relacionar mensajes con imágenes, relacionar datos con enunciados, completar espacios en enunciados breves, etc.

Tarea 1
Instrucciones

> 1 | 🔊 A continuación escuchará cinco diálogos breves entre dos personas. Oirá cada diálogo dos veces.
| 58 | Después de la segunda audición marque la opción correcta (a, b, c o d).

0 ¿A qué hora es la reunión?

○ a.
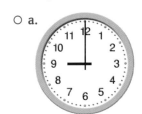
○ b.
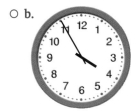
○ c.

○ d.

1 ¿Dónde está?

○ a.

○ b.

○ c.

○ d.

2 ¿Qué medio de transporte utiliza?

○ a.

○ b.

○ c.

○ d.

3 ¿Qué va a tomar?

○ a.

○ b.

○ c.

○ d.

4 ¿Adónde va Luis?

○ a.

○ b.

○ c.

○ d.

5 ¿Qué le gusta hacer los domingos?

○ a.

○ b.

○ c.
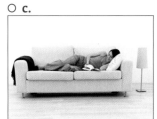

○ d.

Tarea 2
Instrucciones

> | **2** | 🔊 A continuación escuchará cinco avisos o instrucciones. Oirá cada intervención dos veces. Relacione los textos con las imágenes. Después de la segunda audición, marque la opción correcta. Hay **tres letras** que no debe seleccionar.

| 59 |

A

B

C

D

E

F

G

H

I

0 .... Aviso 0	*B*
6 .... Aviso 1	☐
7 .... Aviso 2	☐
8 .... Aviso 3	☐
9 .... Aviso 4	☐
10 .... Aviso 5	☐

Tarea 3

Instrucciones

> | **3** | 🔊 Va a escuchar a Laura hablando sobre su familia y amigos: cómo son y las cosas que hacen. Cada
| 60 | audición se repite dos veces. A la izquierda, están los nombres de las personas y a la derecha su
descripción o las cosas que hacen. Relacione cada persona con una letra de la columna de la
derecha. Hay **tres letras** que no se pueden seleccionar.

0 Carlita	F		**A**	Le gusta viajar.
11 Antonio	☐		**B**	Vive en otro país.
12 Estrella	☐		**C**	Es estudiante.
13 Marta	☐		**D**	Trabaja en una oficina.
14 Aníbal	☐		**E**	Es abogado.
15 Paloma	☐		**F**	Su hermana pequeña.
16 Paolo	☐		**G**	Su madre.
17 Julio	☐		**H**	Su amiga desde pequeñas.
18 Pepi	☐		**I**	Vive sola.
			J	Es ama de casa.
			K	Es italiano.
			L	Es maestra.

Tarea 4

Instrucciones

> | **4** | 🔊 Va a escuchar a Felipe hablar con Belén sobre su nuevo trabajo. Complete las frases con la infor-
| 61 | mación que falta. Escuchará la audición tres veces.

0 Felipe hace una .... *semana* ...... que trabaja.

19 Felipe trabaja de .... en un bar.

20 Tiene una .... mexicana.

21 Su .... se llama Carmen y es andaluza.

22 El bar tiene diez .... en la terraza y quince en el interior.

23 Está abierto desde las .... hasta las doce de la noche.

24 Se sirven desayunos, comidas y ....

25 Los clientes son del barrio, pero también vienen muchos ....

Nuevo trabajo

PRUEBA 3. EXPRESIÓN E INTERACCIÓN ESCRITAS

La prueba 3 consta de dos tareas y dura 25 minutos.

- En la primera tarea deberá completar un formulario con información personal básica.
- En la segunda tarea deberá redactar un texto epistolar (mensaje, correo electrónico, carta breve…), un anuncio o una nota informativa.

Tarea 1

Instrucciones

> **1** Usted quiere solicitar, por primera vez, la tarjeta de permiso como estudiante al gobierno de España. Complete el siguiente formulario.

GOBIERNO DE ESPAÑA

N.I.E. ☐ ☐☐☐☐☐☐☐ ☐   **N.º PASAPORTE** ☐☐☐☐☐☐☐☐☐☐☐☐☐☐☐☐☐

1) DATOS PERSONALES DEL EXTRANJERO/A

Apellidos _____

Nombre _____   Sexo ☐H ☐M

Fecha de nacimiento ☐☐☐☐☐☐☐☐   Lugar _____

País _____

Nacionalidad _____

Nombre del padre _____

Nombre de la madre _____

Estado civil: ☐ Soltero/a   ☐ Casado/a   ☐ Viudo/a   ☐ Divorciado/a   ☐ Separado/a

Domicilio en España _____

Localidad _____   Código Postal _____   Provincia _____

Teléfono _____   Correo electrónico _____

2) DATOS RELATIVOS A LA TARJETA

2.1. TIPO DE DOCUMENTO (art. 210)

☐ Inicial.   ☐ Modificación de situación legal, laboral o personal.

☐ Renovación de tarjeta.   ☐ Duplicado por robo, extravío, destrucción o inutilización.

2.2. SITUACIÓN EN ESPAÑA

☐ Estancia por estudios, investigación-formación, intercambio, prácticas o voluntariado.

☐ Residencia temporal y trabajo por cuenta propia.

☐ Familiar de Titular de autorización de estancia de larga duración.

☐ Residencia temporal y trabajo de transnacionales de servicios.

☐ Residencia de larga duración-UE.

☐ Residencia temporal y trabajo.

Tarea 2

Instrucciones

> **2** Usted tiene un amigo que quiere vivir en su barrio. Escriba un correo electrónico a su amigo para darle información de su barrio. En él debe:

- saludar;
- describir su barrio;
- despedirse.

Número de palabras: entre 20 y 30.

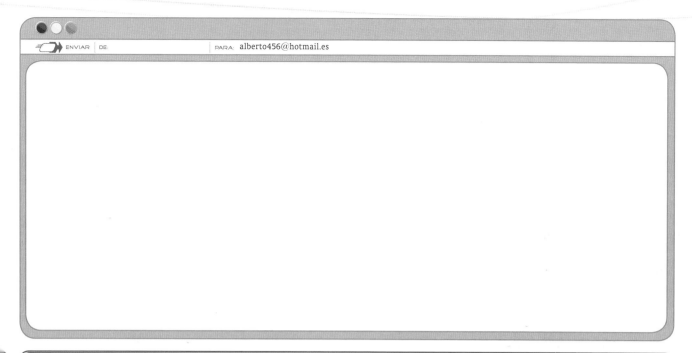

PRUEBA 4. EXPRESIÓN E INTERACCIÓN ORALES

La prueba 4 consta de cuatro tareas y dura 15 minutos.

• En la primera tarea deberá hablar sobre usted mismo (1-2 minutos).

• En la segunda tarea deberá hablar sobre un tema relacionado con su entorno (2-3 minutos).

• En la tercera tarea deberá mantener una conversación con el entrevistador sobre su presentación y el tema anterior (3-4 minutos).

• En la cuarta tarea deberá mantener diálogos muy breves con el entrevistador basados en láminas (2-3 minutos).

Tarea 1
Presentación personal del candidato
Instrucciones

>| **1** | Debe hacer su presentación personal durante **1 o 2 minutos**. Puede hablar sobre los siguientes aspectos:

Su nombre

Su trabajo

Usted

Su edad

Sus estudios

Su nacionalidad

Lenguas que habla

Tarea 2
Exposición de un tema
Instrucciones

>| **2** | Seleccione **tres** de las cinco opciones para hablar durante **2 o 3 minutos**.

Actividades preferidas

Actividades al aire libre

Su tiempo libre

Lugares de ocio

En compañía de amigos o familiares

Actividades deportivas

■ Puede hablar de:
   • ¿Qué hace?
   • ¿A qué hora?
   • ¿Qué día?

Tarea 3
Conversación con el entrevistador
Instrucciones

> | **3** | Va a tener una conversación con el entrevistador sobre su presentación y sobre su exposición del tema. La conversación durará **3 minutos** aproximadamente.

Tarea 4
Diálogos basados en láminas
Instrucciones

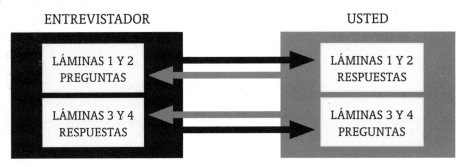

Lámina 1

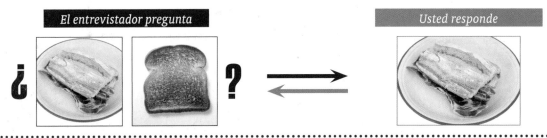

Lámina 2

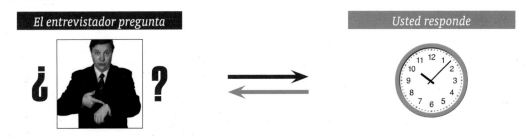

Lámina 3

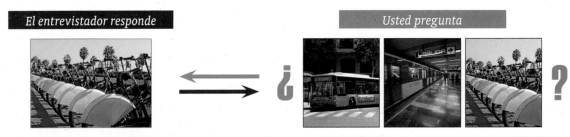

Lámina 4

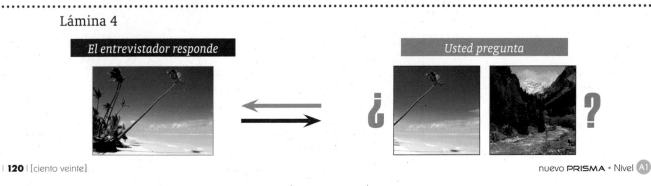